Hansjörg Maus

Kaiser Barbarossa
Glanz und Größe des Mittelalters

Hansjörg Maus

Kaiser Barbarossa
Glanz und Größe des Mittelalters

Hansjörg Maus
Kaiser Barbarossa – Glanz und Größe des Mittelalters

© Genehmigte Lizenzausgabe
Panorama Verlag Wiesbaden
Umschlag Günter Seidel, Wiesbaden
ISBN 3-926642-08-4

Inhalt

Die Hochzeit von Mailand

Mailand tanzt, Mailand tobt. Welch ein Tag, welch ein Fest! Die engen Straßen drohen zu bersten: Massen festlich gekleideter, singender, jubelnder Menschen drängen sich, kaum daß man die Hände rühren kann. Dazwischen viele bewaffnete Reiter, Gaukler, Sänger, Spaßmacher, die Häuser über und über mit Seide behängt, mit Blumen ... Der Himmel ist auf Mailand gefallen. Die Stadt hält das nicht aus, gleich wird sie aus den Fugen brechen.

Und draußen, vor den Mauern, all die riesigen Zelte – wie lauter bunte, leuchtende Dörfer ringsum. Wie viele sind gekommen? Tausende, Zehntausende? Man denke, all die Herren aus dem ganzen Reich: die Herzöge und Grafen aus dem Norden, die Barone und Fürsten aus Burgund, die mächtigen Erzbischöfe von Mainz und Salzburg, von Magdeburg und Vienne in Burgund, die vielen Bischöfe und Äbte – und die Normannen aus dem Süden. Hat man jemals soviel Reichtum gesehen? Golden und silbern beschlagenes Zaumzeug, Mäntel und Decken aus Seide, Samt und Brokat, Helme, von denen es heißt, sie hätten keine Spur von Eisen, sondern seien aus reinstem Silber, und dazu Gürtel und Schwerter, besetzt mit seltensten Edelsteinen: Das Abendland zeigt der Welt seinen Glanz, seine Kraft, seine Macht. Und alles hier in Mailand.

Die Stadt treibt wie im Taumel. Aus der ganzen Lombardei sind die Menschen zusammengeströmt, denn an diesem 27. Januar des Jahres 1186 verheiratet der Kaiser Friedrich seinen Sohn Heinrich mit Konstanze, der Tochter des Normannenkönigs Roger II. – und bald wohl auch Erbin seines Reiches beider Sizilien. Gelassen setzt der alte Kaiser mit

9

dieser Verbindung den Schlußstein in das mächtige Fundament, das er zusammengefügt hat und auf dem seine Nachfolger nun weiterbauen sollen. Und was da entstehen wird, zeichnet sich nun doch schon recht klar ab: Ein neues Imperium Romanum, das sich von Italien aus entfaltet, mit Italien als natürlicher Mitte, wie schon einmal in der Antike. Nur eben jetzt als Reich der Christenheit, als der Gottesstaat, der ersehnte Friedensstaat vielleicht.

In Mailand aber läßt Friedrich nun all dies Gewaltige beginnen, in Mailand, das er einmal so sehr haßte. Gibt es ein größeres Zeichen der Versöhnung? Über die Dächer dröhnen Glocken, schmettern Fanfaren. Drinnen in der Kathedrale des heiligen Ambrosius senkt der Erzbischof von Mainz langsam einen goldenen Reif auf das Haupt der Normannin: »Und so empfange, Konstanze, die Krone der Königin der Deutschen!« Tosender Jubel bricht aus. »Hoch, Königin Konstanze, hoch!« Dann tritt der Patriarch von Aquileja auf Heinrich zu, hält die Eiserne Krone der Lombarden hoch über ihn und ruft: »So sei denn, Heinrich, gekrönt zum König von Italien und zum Herrn über dieses Land!« Und wieder dröhnen die Hochrufe: »Evviva König Heinrich, hoch!« Aber der Patriarch bleibt stehen, hebt die Hände und legt sie dem jungen König aufs Haupt: »Und sei so, Heinrich, erwählt zum Cäsar und zum Erben der Krone Roms!«

Für einen Augenblick herrscht atemlose Stille. Die versammelten Fürsten sind verblüfft. Das ist unglaublich, das ist genial! Damit hat Friedrich den Päpsten die Macht über die Kaiserkrone entwunden. Der Träger der Kaiserwürde bestimmt seinen Nachfolger selbst, es wird kein Feilschen und Ringen mit Rom mehr geben, keine Bindungen und Verpflichtungen mehr, die alle Kaiserpolitik so behindert haben. Ja, sogar für die Krönung ist der Papst wohl kaum mehr vonnöten: Hat nicht der ehrwürdige Vater von Aquileja denselben geistlichen Rang? Sind nicht beide, der von

Rom und der von Aquileja, ganz einfach Patriarchen und also gleichberechtigt? Der Staufer hat die Kaiserkrone, das Reich ist vom römischen Diktat befreit!

Ein Begeisterungssturm läßt die Kirche erzittern, selbst der Kaiser ist überwältigt. Diese Zustimmung hat er nicht erwartet. Hoch reckt er sich auf, geht bedächtig zur Mitte des Chores und kniet nieder. Der Erzbischof von Vienne tritt auf ihn zu – und krönt ihn zum König von Burgund!

Friedrich, König der Deutschen, König von Italien, König von Burgund, Erwählter Römischer König, Kaiser und Imperator: Die Herren der halben Welt verneigen sich vor ihm, die mächtigsten Fürsten beugen die Knie. Dieser Tag von Mailand ist sein vollkommener Triumph.

Von dem Hochzeitszug, den die mailändischen Großen anschließend durch die Stadt geleiten, mit dem Brautpaar, dem Kaiser, mit all den Mächtigen und ihrem schier unübersehbaren Gefolge, berichten die Zeitgenossen wahre Wunderdinge. Und sie sagen allesamt, daß sie sich an nichts Herrlicheres und Prächtigeres erinnern könnten.

Der Weg geht von der Ambrosiuskirche hinaus vor die Tore zu einer riesigen Festhalle, wo die berühmtesten Dichter und Sänger des Reiches warten, die Troubadoure aus der Provence, die Minnesänger aus Deutschland, die Poeten aus Italien, Chöre sind aufgeboten, Musikanten mit Harfen, Fiedeln, Flöten und Trommeln, Tänzer und Akrobaten. Es ist ein unvergleichliches Fest. Und die Mailänder sind glücklich.

Freilich nicht alle. So mancher adelsstolze Herr hat die Fensterläden seines Palastes schließen lassen und brütet vor sich hin. Und was so in den Torbogen und Nischen gezischelt wird, dürfte den Kaiser wohl kaum erfreuen.

Auch oben auf dem Balkon des neuen Palazzo de Orto sollte er nicht unbedingt zuhören. Denn dort sitzt der Hausvater Umberto de Orto, ein Hüne von Gestalt und »der Löwe mit der weißen Mähne«, wie er sich selbst gerne nennt. Gelähmt ist er aus einem Krieg mit den Kaiserlichen heimgekommen. Und neben ihm steht der ehrenwerte Herr Claudio Bassano, unsagbar lang, unsagbar hager und immer geneigt, sich schmerzvoll zu bekreuzigen, sobald der Name Hohenstaufen fällt. Verständlich, daß eben ihm das Jubeln der Massen beinahe körperliche Qualen bereitet. Sein Gesicht ist in lauter Falten gezogen. »Empörend«, faucht er, »empörend! Da, wie sie plärren, wie sie kreischen, widerwärtig, ohne Selbstachtung. Und dieser ehrlose, käufliche Mob ist meine Stadt! Aber sie sind nur verführt, belogen, irregeleitet. Wir müssen ihnen nur die Wahrheit vorhalten, dann werden sie zu sich kommen, den Kampf wieder aufnehmen. Nur den Willen dazu brauchen wir, noch ist es nicht zu spät. Das große Ringen beginnt erst. Und diese Schwaben mögen sich aufspielen, wie sie wollen, wir werden sie dorthin zurückstoßen, wo sie hergekommen sind, ins Nichts!« Seine geballten Fäuste lassen keinen Zweifel daran, daß es ihm ungeheuer ernst ist. Aber der alte de Orto sieht ihn mit großen Augen an: »Ihr seid wohl von Sinnen, lieber Freund? Da, schaut hinunter! Seht Ihr diese blitzenden Helme? Hört Ihr das Stampfen der vielen hundert Rosse? Spürt Ihr die Macht, die dahintersteht? Claudio, begreift doch, das Reich des Herrn Friedrich hat sich mit dem der Normannen verbunden. Verbunden, Claudio, nicht nur verbündet. Es ist alles eins. Von Norden ein unermeßliches Landheer, von Süden die gewaltigste Kriegsflotte der Welt, dazu das Geld von Palermo, Neapel und Köln, die Händlerflotten von Bari, Pisa und Genua und die unersättlichen, riesigen Märkte jenseits der Alpen: Widerstand? Wie denn?« »Nein bitte nicht!« Herr Claudio glüht. »Haben denn die Schwaben unsere ganze Stadt ergriffen? Die Köpfe allesamt verwirrt? Alles eins! Wie kommt Ihr nur auf solchen Unsinn? Ja, Unsinn, allein die Hochachtung vor Euch verbietet mir, anderes zu sagen. Alles eins! Noch immer herrscht in Palermo König Wilhelm, und der denkt nicht daran, auch nur ein Quentchen seiner Macht den Schwaben abzutreten, nicht er, nicht seine Erben, die er noch haben wird – dafür bürgen schon seine 32 Jahre und seine Gesundheit.« »Ach, seid Ihr da ganz gewiß? Die Jahre des hohen Herrn habt Ihr zwar durchaus korrekt angegeben, aber was sein Wohlbefinden betrifft, so bleibt mir nur zu wünschen, daß es das beste sei. Wie ich jedoch höre, sieht er selbst das keineswegs so, er sorgt sich vielmehr um diese seine Gesundheit. Aber natürlich irrt er sich, Ihr wißt das zweifellos besser, dank Eurer Quellen. Eines allerdings müßt Ihr mir bestätigen: Noch ist die normannische Majestät König Wilhelm kinderlos. Und falls Herr Wilhelm kinderlos aus dieser Welt scheidet ... Doch laßt uns, lieber Freund, das alles noch einmal zusammenfassen. Der Normanne Roger II., König von Unteritalien und Sizilien, hatte drei Kinder. Der Älteste starb schon mit 31 Jahren und hinterließ nur einen außerehelichen Sproß, der nach dem Gesetz kein Erbrecht hat. Der zweite Sohn des König Roger, Wilhelm, wurde 1121 geboren – und volle 33 Jahre danach, 1154, das drittes Kind, die Tochter Konstanze. Das war spät, natürlich, so spät, daß König Roger die Geburt dieses Mädchens gar nicht mehr erlebte. Er starb kurz davor mit 59 Jahren. Dennoch, die kleine Konstanze war des Königs Tochter und hinter ihrem so viel älteren Bruder die nächste Erbin und Thronfolgerin.

Doch dieses Recht schien freilich keine Bedeutung zu haben. Vorerst. Denn nach dem Tod des alten Königs übernahm der inzwischen 33jährige Wilhelm nicht nur das Reich, sondern es wurde ihm auch gleich ein Sohn und Thronfolger geboren – und zwar in eben jenem Jahr 1154, in dem sein Vater starb, er selbst als Wilhelm I. König wurde und seine Schwester Konstanze auf die Welt kam. Der kleine Prinz und Konstanze waren also, obwohl eigentlich Neffe und Tante, genau gleich alt.

Und sie wuchsen auch zusammen auf wie Geschwister. Als sie gerade 12 waren, starb der König Wilhelm, die Königinwitwe führte einige Zeit die Geschäfte, dann mußte der junge Prinz, gleichfalls ja ein Wilhelm, mit gerade 17 die Regentschaft antreten. Ihr wißt, dieser Wilhelm II. machte seine Sache vorzüglich, nur die Ehe brachte ihm kein Glück. Die Verbindung mit der Engländerin Johanna blieb eben kinderlos. Bis heute. Und auch er selbst glaubt nicht, daß sich das noch ändern wird. Nun, und wenn er jetzt wirklich ohne Nachkommen sterben sollte: Wer ist von den Erbberechtigten noch übrig? Doch nur Frau Konstanze. Ihr würden Krone und Reich dann zufallen. Ja, lieber Claudio, und genauso dürfte es kommen, ich kann Euch nicht helfen. Nur, daß jetzt, nach dieser Hochzeit, der junge Heinrich von Hohenstaufen im Namen seiner Frau das Erbe übernehmen und mit seinem Reich verbinden wird.«

»Pah, Schwabenträume!«

»Mag sein, mein Freund, mag sein. Nur, dann träume ich in guter Gesellschaft, in jener von König Wilhelm nämlich. Jedenfalls werden noch in diesem Jahr König Heinrich und Frau Konstanze als Thronerben in Palermo die Huldigung der normannischen Fürsten entgegennehmen. König Wilhelm hat das festgesetzt und seine Großen bereits wissen lassen.«

»Das ist ungeheuerlich, Ihr ...« »Ihr meint, ich hätte mir das ausgedacht? Nun denn, ich verbürge mich dafür, ich weiß es gut genug. Und drum, Ihr seht, gar so groß war der Unsinn nicht, den ich Euch zugemutet habe. Es wird eben alles eins, mag es Euch nun freuen oder nicht. Widerstand? Du guter Himmel!

Zudem, es hat sich ja nicht nur gefügt für jetzt, Claudio, es wird wachsen und sich ausbauen können, wohl auf

Jahrhunderte. Alles ergänzt sich, trifft sich, alle politische Kraft, alle wirtschaftliche Zukunft, alles Wollen der Mächtigen und alle Sehnsucht der Völker.

Denn die alte Idee ist auf einmal wieder da. Ein neues Römisches Reich soll sich formen! Claudio, das ist einfach wie ein Zauberwort, das heißt goldenes Zeitalter, Frieden, Wohlstand, Geborgensein, heißt eine Welt ohne Krieg, ohne Angst, eine Welt, in der jeder Sicherheit und Freiheit hat unter dem Schutz des unbestechlichen Rechts – und der verzeihenden Milde des Evangeliums. Natürlich sind das lauter verklärende Wunschbilder. Ich weiß, sie liegen neben aller Wirklichkeit, sie sind unerreichbar. Doch sie werden beharrlich gedacht als das große Ziel. Und sie werden auch ständig gelehrt, als der „Gottesstaat", jener ideale Staat, den sich der Kirchenvater Augustinus vor 750 Jahren so schön ausgemalt hat. Und da der fromme Herr damals wiederum sich den „Friedensstaat" des Kaisers Augustus als Anregung nahm, hat sich einfach das Römische Reich als das Idealreich in den Köpfen festgesetzt. Unausrottbar. Weshalb einer, der die Erneuerung des „Imperium Romanum" als sein Ziel verkündet, der Begeisterung der Massen sicher sein kann. Auch ein Schwabenkaiser. Wobei ja eben jetzt für solche Pläne der Osten fast schon offen liegt – die Verhältnisse im oströmischen Reich, in Konstantinopel sind verzweifelt, schreien nach der ordnenden Hand, Armenien fleht um Hilfe, Palästina ohnehin. Eigentlich braucht da nur einer energisch zuzugreifen. Und genau darüber sind sich die Mächtigen allesamt sehr genau klar, sie riechen die Pfründe, die Eroberungen, die sprudelnden Zollquellen, und sie werden dem zulaufen, der sie ihnen erschließt. Seht, das sind nun einmal die zwei Kräfte, die unser Abendland prägen, die gierigen Mächtigen und die hoffenden Massen. Wer die Sprachen beider spricht, der kann alles gewinnen. Und die Schwaben sprechen beide Sprachen. Weshalb ihnen auch alles gelingen wird, alles, was sie wollen und planen, Claudio, das ist so sicher wie weniges sonst. Und jeder weiß es. Ja, ja, beugt Euch nur vor, schaut nur, wie demütig und beflissen sich die Delegationen der christlichen Könige eingereiht haben und um die Gunst des Kaisers buhlen, die Franzosen, die Engländer, die Ungarn, sogar die Griechen und die von Kiew. Die Polen findet Ihr schon unter den Vasallen, den Böhmenkönig unter den Reichsfürsten und jetzt die Sizilier – einer vornehmer und goldglänzender als der andere, Macht und Reichtum, so weit man sieht. Und alles ist eins, Claudio, eins. Was wollt Ihr dagegen ausrichten?

Vor allem, wozu Widerstand, wo wir doch mit denen da unten so prächtig zurechtkommen könnten? Sie brauchen uns, unser Geld, unseren Handel und unser Gewerbe. Wenn wir diesen Vorteil wahren und darauf achten, daß wir immer ein paar Schritte voraus und einfach unentbehrlich sind, dann werden sie gern mit sich handeln lassen, ein Privileglein nach dem anderen zurückverkaufen und uns Möglichkeiten geben, wie wir sie uns nur wünschen können.

Stellen wir uns aber gegen sie, werden sie uns zermalmen. Mit Bedauern zwar, aber vermutlich halten sie das doch für besser, als daß unsere Mittel ihren Feinden zufließen. So, und nun wählt!«

»Wählen, weshalb? Ich horche nur nach Rom, und von dort klingt es anders. Ein neuer Streit mit dem Kaiser steht ins Haus, der Papst zählt auf uns!«

»Oh nein, diesen Strauß muß der Papst schon allein ausfechten, wir haben das Unsere im Übermaß getan!«

»Wir sind dem Papst verpflichtet, Umberto …«

»Verpflichtet! Wir! Was wäre der selige Herr Alexander gewesen ohne unsere Waffen? Meint Ihr, die Könige von England und Frankreich hätten ihn ohne diesen Rückhalt überhaupt nur gestützt? Wir verpflichtet! Ich sehe es eher umgekehrt.«

16

»Aber der neue Papst ist Mailänder!«

»Und ein Crivelli! Einer aus jener Handvoll halbwahnsinniger Familien, die mit ihrem Fanatismus unsere Stadt terrorisiert und in fünfundzwanzig Jahren entsetzlichem Kampf mit dem Kaiser gepeitscht haben.«

»Ein Kampf, der sein mußte, der sich gelohnt hat. Oder meint Ihr, der Tyrann hätte von sich aus uns alle die Rechte gegeben, auf denen wir nun beruhigt bauen können?«

»Und von denen wir noch viel mehr besäßen, noch viel mehr Freiheiten, noch viel größeres Gewicht im Land, wenn wir uns nur gleich zu Anfang ihm nicht entgegen, sondern an die Seite gestellt hätten. Er wäre bereit gewesen, eine so wichtige Hilfe zu honorieren, sich immer wieder geneigt zu machen. „Mailand, Stütze des Reiches" nannte er uns gestern. So hätte es immer sein können, wir wären glänzend damit gefahren. Ohne Morden, Brennen, Elend und Tod. Da, schaut mich an, ein hilfloser, lendenlahmer Krüppel – das ist das Andenken an einen dieser irrwitzigen, sinnlosen Kriege.

Und daß Ihr mir nicht auf die Idee kommt, mich zum Märtyrer zu machen, zum Verstümmelten auf Friedrichs Geheiß. Mein Pferd ist auf mich getreten und hat mir das Kreuz gebrochen. Wenn Ihr schon Teufelchen malen wollt, dann nehmt die Crivellis und die Bagage um sie herum. Es waren ihre Kriege, die ich dergestalt zu bezahlen hatte. Mein Bruder mußte sich als Konsul vor dem Kaiser in den Staub werfen, unsere Paläste wurden niedergebrannt, die Ländereien verwüstet, ich selber bin schon halb gestorben. Verdammt, der Crivelli-Papst soll sich gefälligst andere Narren suchen! Hier in Mailand regieren künftig keine Abenteurer mehr, sondern Klugheit und Vernunft.«

»Und das sagt ein de Orto!«

»Jawohl, ein de Orto! Denn ihm geht es vor allem und ganz allein um das Wohl der Stadt. Weil nämlich deren

17

Wohl sein eigenes bedingt. So, jetzt kommt der Kaiser vorbei. Seht Ihr ihn, gleich hinter dem Brautpaar? Rasch, auf jetzt, damit die den lahmen Umberto auch sehen!« Die Diener heben ihn hoch – und da geht es wie ein Ruck durch die Menge unten. Auf einmal starren sie alle herauf, das Lärmen bricht ab: Der Alte, der lahme de Orto, was wird er tun? Doch Herr Umberto lacht auf, hebt die Hand und dröhnt mit seinem mächtigen Baß: »Hoch Friedrich, hoch Hohenstaufen!«

Jetzt gibt es kein Halten mehr. Ein Jubelsturm schlägt über den Dächern zusammen, Zweige und Kränze und Blumen wirbeln durch die Luft. Und der alte Kaiser sieht hinauf zum Balkon und lächelt.

Die Pyramide der Macht

Ein Geschlecht aus dem fernen Schwaben fing an, das Abendland in Besitz zu nehmen.

Wer waren diese Hohenstaufen? Traten sie nicht gerade hundert Jahre zuvor überhaupt erst aus der Namenlosigkeit? Sie schlugen sich seither kräftig und erfolgreich in der politischen Arena, doch zu den großen alten Familien zählten sie nicht. Da gab es andere, größere Namen, die weit zurückreichten in die Jahrhunderte, die verehrt wurden vom Volk und deren Gewicht unter ihresgleichen unbestritten war. Sie, die alten Familien, beherrschten, prägten das Abendland.

Ihre Stellung war unangefochten, überlegt und sorgsam aufgebaut schon seit der germanischen Frühzeit. Damals, vor der Völkerwanderung, die ja erst um 375 nach Christus begann, siedelten die Germanen vor allem südlich der Ostsee in weiten Hof- und Dorfgemeinschaften, im wesentlichen zusammengeschlossen in die Sippe, die Großfamilie, und in den Stamm, den Verband der Sippen. Mittelpunkt der Sippe aber war das Odal, der Stammhof, in dem die Geister der Ahnen wohnten, die Heil und Segen auf die Sippe bringen konnten. Also hatte der Inhaber des Odals, der Odaling, die Aufgabe eines Mittlers zwischen den Ahnen und der Sippe, eines Priesters der Großfamilie, nahm eine hervorragende Stellung ein und durfte etwa zum Thing, der Stammesversammlung, als einziger seiner Sippe mit Gefolge auftreten.

Und aus diesen Vorrechten ergab sich alles weitere von selbst. Die Odalinge, die Adeligen also, schlossen sich auf dem Stammesthing zusammen und sorgten dafür, daß die Beschlüsse möglichst in ihrem Sinn gefaßt, die Stammesführer, die Herzöge und Könige, nur aus ihren Reihen gewählt wurden. Die Gewählten wiederum befestigten während ihrer Amtszeit die Stellung der Odalinge – das System der Adelsherrschaft entstand. Und es entstand so leise, daß das Volk, behutsam gelenkt, bald nur noch die religiöse Kraft und Fähigkeit der Odalinge sah, jene Kraft der Ahnen, die sich gleichsam dann bündelte im Stammesführer, im Herzog oder eben im König. Die Vorstellung vom »Königsheil« bildete sich heraus: Da, wo der König ist, ist der Sieg, das Glück, das gute Gelingen, die Gesundheit sogar, das »Heil«.

Die Ordnung der Gesellschaft, der Werte, die Weltsicht, die sich so zusammenfügte, war zwar einfach und klar, aber auch in sich schlüssig und politisch durchaus wirksam. Und deshalb hatte sie Bestand, wurde mitgenommen auf die große Wanderung und in die neuen Siedlungsgebiete. Sie wurde Teil der gesamtgermanischen Kultur, bei den Goten, ebenso bei den Wandalen, den Langobarden oder Franken.

Bei diesen sogar besonders, weshalb sich auch die Karolinger, die aufgestiegene Familie der fränkischen Kanzler, so schwer taten, von 743 an dem abgesetzten alten Königsgeschlecht der Merowinger als »Könige der Franken« nachzufolgen. Sie hatten zwar die Macht, aber sie waren nun einmal keine Odalinge, sie waren einfach nur »Emporgediente«.

Sogar noch Karl der Große mußte sich eingestehen, daß die alten Familien ihn nicht wirklich als einen der ihren zählten, und daß er sich auf seinen fränkischen Adel kaum voll verlassen konnte. Da er aber andererseits für den Aufbau seines Reiches nur sichere Stützen gebrauchen konnte, ging er einen Weg am Adel vorbei – und leitete damit eine neue Entwicklung ein.

Als er die Verwaltung seines Reiches neu ordnete und es dabei in viele Grafschaften unterteilte, besetzte er nämlich diese Grafenstellen fast nur mit seinen Vertrauten und teilte ihnen so beachtliche Lehen zu, daß diese neuen Grafen hinter den alten Familien mit all ihrem Grundbesitz oft kaum mehr zurückstanden. Und da Lehen schon unter dem Nachfolger Karls erblich wurden, entstand so in wenigen Jahrzehnten eine ganz neue Adelsschicht, die sich mit der alten nach und nach dann eben zu einer Einheit verband.

Gewiß, die »alten Geschlechter« fühlten sich noch sehr lange den »Hochgekommenen« überlegen, aber dieser Anspruch hatte letztlich doch nur Bedeutung für ihr eigenes Selbstverständnis. Schon weil der Adel in seiner Gesamtheit so ziemlich gleichmäßig in den alles bestimmenden Rahmen der mittelalterlichen Welt eingefügt war – in das Lehenssystem.

Karl Martell, der Vorfahre Karls des Großen, hatte es 732

begründet, als er nach einem Sieg über die Araber in Mittelfrankreich erobertes Gebiet seinen Panzerreitern weiterverlieh, um sie an sich zu binden. Das Verfahren war einfach: Der Beliehene, der Lehensmann, erhielt ein Stück Land zur eigenen Nutzung und leistete dafür seinem Herrn, von dem er dieses Land in Empfang nahm, seinem Lehensherrn, den Treueid. Dieser Treueid, der »Lehenseid«, verpflichtete den Lehensmann zur Gefolgschaft und zum Gehorsam gegenüber seinem Herrn, und den Lehensherrn zur Fürsorge für seinen Mann.

Die Sache überzeugte, und sehr schnell waren nun alle großen und kleinen Mächtigen durch Lehensverhältnisse miteinander verbunden: Der König gab den Herzögen und Fürsten ihre Ämter und Länder zu Lehen und zog sie so durch den Lehenseid an sich, die Fürsten wiederum vergaben ihr Land an kleinere Grafen und erhielten von diesen den Treueid, die Grafen schließlich konnten ihr Gebiet gleichfalls und zu denselben Bedingungen an Kleinadelige weitergeben.

Und so stand die klassische Pyramide der Macht: Oben der König, unter ihm die Fürsten, unter diesen die Grafen und »mittleren Herren«, darunter die Kleinadeligen – und ganz unten endlich und den Herren in Hörigkeit und Leibeigenschaft verpflichtet die Masse des Volkes, die ihren jeweiligen Herren wirklich »gehörte« und ohne deren Erlaubnis nicht einmal den Wohnsitz wechseln durfte.

Natürlich gab es daneben noch einige Sonderformen, doch die änderten das Bild nicht wesentlich. Zumal auch die Kirche nahtlos eingebunden war, weil alle ihre Teile, alle Würdenträger und Klöster gleichfalls weltliche Macht ausübten und damit ihren Platz in der Pyramide einnahmen.

Das Volk aber anerkannte und trug diese Ordnung durchaus. Zum einen, weil jene aus der germanischen Zeit kommende Verehrung für den Adel ungebrochen anhielt,

zum anderen, weil es der Kirche gelungen war, diese Verehrung weiterzuführen in das christliche Weltverständnis und
das gesamte System als »gottgewollte Ordnung« zu verdeut-
lichen, in die sich jeder Christenmensch einzufügen habe.

Die »Pyramide der Macht« stand sicher und klar in jenen
Jahrhunderten. Besonders auch, da das Lehenswesen sich
ausformte und verfestigte. Anfangs erlosch ein Lehensverhältnis ja mit dem Tod eines der beiden Partner. Doch
schon ab 877, unter einem der schwachen Nachfolger Karls,
begannen die Lehen erblich zu werden, und der König
konnte nur noch nach dem Aussterben einer Familie deren
Lehen wieder einziehen. Der französische König erhielt
sich wenigstens diese Möglichkeit. In Deutschland aber er-
zwangen die Fürsten mit der Zeit die Regelung, daß der
König »binnen Jahr und Tag« jedes eingezogene, erledigte
Lehen wieder ausgeben mußte, weshalb sich eine wirkliche
territoriale Königsmacht kaum mehr bilden ließ.

Nach außen dagegen galten die alten Regeln: Wenn, was
oft vorkam, ein ausländischer Herrscher, etwa ein König
aus Dänemark, Polen oder Ungarn, dem deutschen König
den Treueid leistete, so galt diese Verbindung wie ursprüng-
lich nur bis zum Tod einer der beiden Teile und mußte danach jeweils erneuert werden.

Insgesamt jedenfalls war das Lehenswesen das hauptsäch-
liche politische Instrument im Abendland über fast ein Jahrtausend, es sicherte die Stellung des Adels, hielt das Gebäude der Macht, gab den Rahmen für jede Entwicklung, bestimmte, formte alle Bereiche, auch und zu allererst – das
Reich.

Vier Kronen – das Reich

Das Reich. So lautete eigentlich während des ganzen Mittelalters der Name für das Herrschaftsgebiet des deutschen Königs. Woher dieses Wort kommt, ist bis heute recht unklar, vielleicht bezeichnete es zunächst nur die Königskrone. Doch bald übertrug es sich auf das Land, erst auf Deutschland, dann auf das gesamte Imperium. Jenes Imperium, das sich allmählich aus den Trümmern des karolingischen Machtblocks zusammengefunden hatte.

814 war Karl der Große gestorben, hundert Jahre später lag sein scheinbar so machtvoller Staat aufgelöst in fünf klägliche Teile, die nicht einmal mehr die Kraft besaßen, sich gegen Feinde von außen zu wehren, gegen die Wikinger etwa oder gegen die Ungarn. Westfranken, das spätere Frankreich, Hoch- und Niederburgund, Italien, Ostfranken, aus dem dann Deutschland wurde – überall herrschten Chaos, Rechtlosigkeit, Auflösung.

Trotzdem dauerte es noch einige Zeit, ehe die letzten Karolingersprosse erloschen, in Ostfranken bis 911. Dann erst konnten die deutschen Stämme einen neuen König, den Frankenherzog Konrad, wählen. Der freilich hatte es noch arg schwer und erreichte auch nicht sehr viel. Erst sein Nachfolger, der Sachse Heinrich I., konnte wirklich Ordnung schaffen. Er regierte von 919 bis 936, sicherte in diesen zwei Jahrzehnten das Land nach innen und außen, bannte die Not der dauernden schrecklichen Ungarnüberfälle. Er baute feste Plätze zum Schutz der Bevölkerung und leitete eine erste Erholung der Wirtschaft ein.

Es war ein gutes Fundament, das er seinem Sohn und

Nachfolger Otto I. hinterließ. Und dieser energische Herr, dem gleichfalls eine lange Regierungszeit, von 936 bis 973, vergönnt war, baute geschickt darauf weiter. Nach fünfzehn Jahren stand sein Land blühend und mächtig da, und er konnte beruhigt einem vielversprechenden Hilferuf aus Italien nachgehen: Adelheid, die Witwe des Königs von Italien, war von einem Fürsten abgesetzt und ins Gefängnis geworfen worden und bat nun ihn, den »großen Herrscher der Deutschen«, sie zu befreien. König Otto zog also nach Italien, besiegte und bestrafte den Übeltäter, erlöste die königliche Witwe aus ihrem Verlies, heiratete sie – und ließ sich 951 in Pavia zum König von Italien krönen. Von da an gehörte Italien bis südlich von Rom zum »Reich«, bestand das Reich aus den beiden Teilen Deutschland und Italien.

Genau 71 Jahre später, 1033, kam noch eine dritte Krone hinzu – jene von Burgund. Ein Nachfolger Ottos, Konrad II., erbte von dem kinderlosen König Rudolf III. von Burgund die beiden burgundischen Länder, so daß das Reich dann fortan aus der Dreiheit Deutschland-Italien-Burgund bestand.

Drei Kronen also, drei Länder, die nun den Herrschaftsbereich des deutschen Königs ausmachten. Doch da war noch eine vierte Krone, die gefährlichste, aber auch die verlockendste – die Krone der römischen Kaiser. Am Weihnachtstag des Jahres 800 hatte Karl der Große diese Krone angenommen, sich zum Kaiser des Westens, des Abendlandes krönen lassen und dieser Würde in der Folge einen unerhörten, grandiosen Glanz verliehen. Doch als der Untergang über das karolingische Reich hereinbrach, verlor auch die Kaiserkrone allen Wert.

Da eben trat dann der tatkräftige König Otto auf den Plan. Überrascht schaute das Abendland zu, wie er sein deutsch-italienisches Reich zusammenzimmerte, wie er es in kurzer Zeit einte und zum Erfolg führte und sich daneben ringsum als der mächtigste Herrscher Europas Anerkennung und Respekt verschaffte. Vollends verblüffte er, als ihn am 10. August 955 vor Augsburg sein legendärer Sieg über die Ungarn gelang. Denn dieser Sieg war so gründlich, daß sich danach dieses wilde, unstete Steppenvolk der Ungarn entschloß, alle weiteren Raubzüge ein für allemal aufzugeben, sich in der Ebene von Donau und Theiß niederließ und ein braves, christliches Bauernvolk wurde.

Kein Zweifel, König Otto war eine imperiale Statur zugewachsen. Und sein Reich würde von Dauer sein, das ließ sich absehen, würde auf lange Zeit die größte, bestimmende Macht im Westen bleiben. Diese Einsicht breitete sich sehr rasch aus und wirkte besonders in Rom, in der päpstlichen Kanzlei. Denn die heiligen Väter waren fortwährend in Bedrängnis, mußten wieder und wieder flüchten oder sich verschanzen, einmal vor den Horden irgendwelcher bösartiger Kleinfürsten, einmal vor dem aufsässigen römischen Volk. Um nichts beteten sie da mehr als um einen starken, gewaltigen Beschützer, der sie aus ihren Nöten befreite und unter dessen behütendem Schild sie ihre Politik ungestört entfalten konnten.

Und da sich für eine lange Zukunft nunmehr kein besserer Beschützer denken ließ als dieser König Otto und seine Nachfolger, holte Papst Johannes XII. die beschädigte Kaiserkrone wieder hervor und schickte, wie einst Frau Adelheid, einen Hilferuf nach Deutschland: Der König möge doch um Himmels willen nach Rom kommen und dem Vater der Christenheit zu Hilfe eilen. Dafür werde ihn dieser zum römischen Kaiser krönen, »mit der Krone des großen Karl«.

Die Krone Karls! Dieses Angebot berührte Otto wohl doch sehr. Und da seine Kirchenpolitik ohnehin verlangte, daß er den Papst möglichst eng an sich band, zog er 961 mit einem eindrucksvollen Heer nach Italien, klärte und ordnete dort die Verhältnisse wie gewünscht – und kniete am 2. Februar 962 im Chor der Peterskirche zu Rom nieder, wo ihn der Papst feierlich salbte und zum »Caesar des Imperium Romanum« krönte. Dafür übernahm der neue Imperator in aller Form den Schutz der Kirche im allgemeinen und des Papsttums im besonderen und bestätigte dem Papst alle Schenkungen der fränkischen Herrscher, also den Kirchenstaat. Im übrigen sollte fortan und »für alle Zeit« die römische Kaiserwürde dem deutschen König vorbehalten bleiben.

Die deutsche Kaisertradition war begründet. Und auch die Vereinbarungen klangen insgesamt recht gut. Nur eben zeigte sich bald, daß der Kaisertitel dem deutschen Herrscher eigentlich unter den europäischen Mächtigen nicht viel mehr einbrachte als die Ehre eines höheren Ranges. Der König von Frankreich erkannte die deutsche Kaiserwürde nicht an, weil er fand, sie gebühre ihm als dem wahren Erben Karls, die Angelsachsen in England kümmerte sie wenig, für das eigentliche Reich, den deutsch-italienisch-burgundischen Block war sie ohnehin nicht vonnöten, und selbst die Abhängigkeit Dänemarks, Polens und Ungarns vom Reich ergab sich allein aus der Macht der deutschen Krone, nicht aber aus dem Kaisertitel.

Genaugenommen war das Kaisertum für die deutschen Herrscher eben wirklich nur eine Ehre, mehr nicht. Eine Ehre, die zudem immer neue Verpflichtungen, Schwierigkeiten, Belastungen schuf – und an der dann auch das alte Reich schließlich zerbrach. Dennoch drängte jeder deutsche König über Jahrhunderte nach Rom, um sich diese Ehre, diese Kaiserkrone zu holen. Sie war von allen vier Kronen, die ihm zustanden, die begehrteste, die aufregendste, sie hatte eine kaum mehr erklärbare, einfach magische Anziehungskraft, der jeder erlag.

Und die Päpste wußten das. Zwar waren sie es, denen die

Kaiserwürde der Deutschen am meisten nützte. Sie konnten sich des Kaisers als ihres Schutzherrn nach Belieben bedienen, konnten seine wirtschaftliche und militärische Kraft in Anspruch nehmen, ohne eine Gegenleistung erbringen zu müssen. An ihnen wäre es also gewesen, einem Kaiser zu danken, daß er die Bürde des Amtes überhaupt annahm. Doch da sich die Deutschen gar so sehr nach der »Kaiserehre« drängten, veränderten sie die Positionen. Sie ließen die Herren aus dem Norden kommen, ließen sie anfragen, sich bewerben, oft geradezu betteln um die Krönung – und setzten dann ihre Bedingungen fest.

Es war jedesmal dasselbe Ritual, dasselbe Spiel. Jedesmal mußte dem Papst die Kaiserkrone erneut abgerungen, jedesmal mußte in zähen Verhandlungen der Preis dafür erstritten werden, in Form von Zugeständnissen, von einträglichen Privilegien, von Hilfszusagen, oder auch in Form von barem Geld. Und aus jeder dieser Verhandlungen ging das Papsttum ein wenig stärker hervor.

Die Nachfolger Petri

Das Papsttum war während des ganzen Mittelalters die allgegenwärtige Konstante im politischen Geschehen des Abendlandes, von ihm wurde letztlich der Gang der Dinge bestimmt. Ob es nun aktiv eingriff, Herrscher belohnte oder bestrafte oder gegeneinander ausspielte, oder ob es sich scheinbar zurückhielt und aus dem Hintergrund die großen Themen in den Umlauf bringen ließ: Nirgendwo wurde das Spiel mit der Macht souveräner gespielt und nirgendwo fühlte sich die Macht denn auch wohler als in der päpstlichen Kanzlei.

Dabei – wer waren diese Päpste denn nun tatsächlich und unbefangen besehen? Waren sie denn nicht nur ausschließlich geistliche Würdenträger, Bischöfe von Rom und Patriarchen der westlichen Christenheit? Nun, sie waren es, genau dies und nicht mehr. Alles andere, all das Angesammelte und Hinzugewachsene, all das, was schließlich »das Papsttum« in der Hauptsache ausmachte, all das lag eigentlich weit neben oder gar außerhalb ihrer wahren und ursprünglichen Aufgaben.

Dieses ihr wirkliches Amt aber hatte sich seit dem 4. Jahrhundert endgültig herausgebildet: Damals war die »Christenheit« so ziemlich mit dem Imperium Romanum identisch – und bereits eine staatstragende Kraft. Eine Kraft, die, um kontrollierbar zu bleiben, unbedingt in den Staat eingebunden werden mußte. Also wurde eine kirchliche Verwaltungsordnung entwickelt, klar, streng hierarchisch und leicht zu handhaben: Die größte und oberste Einheit bildete das Imperium als Ganzes, die nächstfolgende das Patriarchat. Es gab sechs davon, wofür das Reichsgebiet eben in sechs große Regionen aufgeteilt wurde.

Ein Patriarchat wiederum bestand aus den Erzbistümern, ein Erzbistum aus einfachen Bistümern, das einfache Bistum aus den Ortsgemeinden ... eine sinnvolle Ordnung, zweifellos, und eine geschickte dazu. Denn oben an der Spitze stand somit der Kaiser selbst, als weltlicher und geistlicher Oberherr der Christenheit. Ihm nachgeordnet und verpflichtet folgten die sechs Patriarchen, diesen die Erzbischöfe, diesen die Bischöfe. Wodurch gleichfalls allein also das Wort des Kaisers galt, das Imperium auch religiös uneingeschränkt an den Kaiser gebunden war.

Dennoch hatten die Patriarchen rasch ein entscheidendes Gewicht im Reich, schon weil ihre »Herrschaftsgebiete« durchweg höchst beachtliche Ausmaße aufwiesen: So gebot der Patriarch von Alexandrien als oberster Bischof über ganz Ägypten und Libyen, der von Jerusalem verfügte zwar nur über Palästina, aber damit auch über alle »heiligen Stätten«, und das wog genug. Während der von Antiochien etwas weiter im Norden mit ganz Syrien und dem damals weitgedehnten Armenien nicht nur einen riesigen Bereich hatte, sondern auch die Aufgabe, nach Osten, nach Asien zu missionieren. Antiochia gibt es heute nicht mehr. Es lag am Orontesfluß, in der äußersten Nordostecke des Mittelmeeres, ein Stückchen landeinwärts, galt in der Antike als eine der prächtigsten Städte im Orient und wurde noch 1190 als Begräbnisplatz Barbarossas ausgewählt. Erst 80 Jahr später ging es unter.

Der vierte Patriarch aber residierte in Konstantinopel, in der Hauptstadt des Imperiums, der Kaiserresidenz. Er verstand sich daher denn auch als der »kaiserliche Patriarch«, gewann bald soviel Einfluß, daß sogar die Ernennung eines neuen Kaisers von seiner Zustimmung abhing und regierte ansonsten als oberster Kirchenherr Kleinasien und den östlichen Balkan.

Der westliche Balkan dagegen machte zusammen mit ganz Mitteleuropa das Territorium von Aquileja aus und war als Missionspatriarchat angelegt. Es sollte nach Norden wirken, die wilden Germanen bekehren und bändigen. Ein durchaus schlüssiger Auftrag für eine Stadt am Nordende der Adria und im Vorfeld der Alpen. Nur, die Entwicklung nahm auf alle Pläne keine Rücksicht und verlief ganz und gar anders. Und Aquileja ist inzwischen zu einem winzigen Örtchen in der Nähe von Venedig zusammengeschmolzen.

Daß es noch ums Jahr 350 an die 100000 Einwohner hatte und zu den glänzenden Zentren des Imperiums zählte, läßt sich allenfalls aus den Ruinen lesen.

Nun, und schließlich gab es da noch den sechsten Patriarchen, den in Rom. Ihm war Italien, Gallien, also das spätere Frankreich, Britannien, Spanien und das westliche Nordafrika zugeteilt. Und er verwaltete die Gräber der Apostel Petrus und Paulus und bezeichnete sich als »Nachfolger Petri«, woraus ständig Ärger entstand. Denn gemäß der geltenden Ordnung hatten zwar alle Patriarchen denselben Rang, waren sie alle gleich. Doch der Römer verkündete, daß der heilige Petrus Bischof von Rom gewesen und also er der Nachfolger dieses Apostels sei. Da aber nach der Bibel Christus die Kirche dem heiligen Petrus anvertraut habe, komme ihm, dem »Nachfolger Petri«, der absolute Vorrang zu. Und weil er diesen Vorrang unentwegt forderte, war das Einvernehmen zwischen den sechs frommen Vätern auch selten ungetrübt.

Dennoch bewährte sich dieses Verwaltungssystem ausgezeichnet, und kaum jemandem kam der Gedanke, daß sich die »Einheit der Christenheit« einmal auflösen, daß die einzelnen »Kirchen«, wie sich die Patriarchate auch nannten, einmal eigene Wege gehen könnten. Aber eben das geschah – nach nur etwas mehr als zweihundert Jahren: 632 drangen die mohammedanischen Heere ins Imperium ein und eroberten alles Land im Osten und Süden des Mittelmeeres. Drei der Patriarchate lagen plötzlich im islamischen Machtbereich, hart bedrängt und allein auf sich gestellt. Zwar hielten die Christen zunächst noch an ihrem Glauben fest, aber der Kaiser in Konstantinopel konnte nicht mehr ihr Oberhaupt sein. Die Verbindung zerriß, die Gemeinden, die Strukturen veränderten sich. Und so wurde nach und nach aus dem ägyptischen Patriarchat die Koptische Kirche, um Jerusalem und Antiochia entstanden die Syrische Kirche und die arabischen Gemeinden, auch die Armenier formten sich zu einer eigenen Kirche.

Von der alten Ordnung waren nur noch die Patriarchen von Konstantinopel, Aquileja und Rom übrig. Wobei jener von Aquileja zudem auch kaum mehr zählte. In den Wirren der Völkerwanderung war ihm das ganze Gebiet nördlich der Alpen abhanden gekommen, und er hatte keine Möglichkeit mehr gehabt, es zurückzugewinnen. Schlimmer noch: Als 568 die Langobarden brennend und mordend in Italien einfielen, floh der geistliche Herr von Aquileja auf die Insel Grado vor der Küste. Er wollte dort warten, bis die Eindringlinge weiterzogen. Doch die zogen nicht weiter, sie richteten sich vielmehr ein. Und nach gar nicht so langer Zeit ließ ihr König auf dem Festland einen neuen Patriarchen installieren, so daß es nun zwei »heilige Väter von Aquileja« gab. Und da jede der beiden Linien beharrlich weitergeführt wurde, blieb das auch jahrhundertelang so.

Allerdings wurde der von Grado dann irgendwann zum Patriarchen des aufstrebenden Venedig gemacht und der venezianischen Republik bald ebenso verpflichtet wie zuvor dem Kaiser, während der auf dem Festland als der »wahrhaftige Patriarch von Aquileja« mit der Zeit doch wieder eine höchst erstaunliche Bedeutung gewann. Ja, für einen Augenblick schien es sogar, die Stauferkaiser wollten ihn als Gegengewicht zum römischen Papst aufbauen. Nur, das blieben Pläne, flüchtig, kaum für einen Augenblick. Und als dann um 1420 die Venezianer die ganze Gegend dort in Besitz nahmen, behielt der Patriarch zwar noch seinen Titel, war aber nichts mehr weiter als ein gewöhnlicher Erzbischof. Das Patriarchat von Aquileja löste sich auf, kaum bemerkt übrigens von der Umwelt. Denn aus der Geschichte der Christenheit war es ohnehin längst geglitten.

Diese Geschichte hatten seit dem 7. Jahrhundert nur noch Rom und Konstantinopel geschrieben. Konstantinopel, wo das Gewohnte unverändert weitergalt: Der Kaiser als Herrscher des Oströmischen Reiches und zugleich als Oberhaupt seiner Kirche, der Patriarch ihm unterstellt und der geistliche Repräsentant seines Herrn. Man hatte sich längst vorzüglich miteinander arrangiert, zum beiderseitigen Nutzen. Weshalb also etwas ändern?

Nicht so Rom. Dort waren die Patriarchen immer mehr von der kaiserlichen Oberherrschaft abgerückt, schon weil die Imperatoren die alte Roma in den schrecklichen Nöten der Völkerwanderung einfach allein ließen und außer dem Patriarchen niemand mehr da war, an den sich das Volk in seiner Verzweiflung hätte halten können. Was wiederum zur Folge hatte, daß die geistlichen Herren zunehmend selbständiger wurden, werden mußten. Und ihre Selbständigkeit nahm zu, je höher das Elend stieg. Schon weil sie die Volksstimmung geschickt zu ihren Gunsten lenken konnten mit dem unwiderlegbaren Vorwurf, daß an all dem römischen Jammer doch allein Konstantinopel die Schuld trage.

Und das eigentlich schon seit jenem Jahr 330, da am 1. Mai der Caesar Konstantin, unumschränkter Herr über das damals fast noch heile Imperium, den Regierungssitz fortverlegte. Fort vom ehrwürdigen Rom nach Byzanz, der kleinen griechischen Stadt an der Nahtstelle zwischen dem Schwarzen und dem Mittelmeer. Eine strahlende Hauptstadt schuf er dort, nannte sie Konstantinopolis, zog alle Macht, allen Reichtum dorthin, während Rom zur Provinzstadt herabsank. Zwar flammte im Jahr 395 nochmals ein wenig Hoffnung auf, als nach dem Tod des Kaisers Theodosius das Imperium endgültig geteilt wurde und der eine der beiden Nachfolger, Herr Honorius, als »Kaiser des Weströmischen Reiches« sich für Rom als Hauptstadt entschied.

Jedoch, Caesar Honorius war ein furchtsamer Mann. Und als er den Germanensturm immer näher kommen sah, zog er schon neun Jahre später hastig um nach Ravenna, wo er sich inmitten der Sümpfe ringsum sicherer fühlte. Rom aber überließ er seinem Schicksal. Also standen auch schon im Jahr 408 die Westgoten vor den römischen Toren und erpreßten einen riesigen Tribut. Und zwei Jahre danach kamen sie erneut. Sie fühlten sich von Honorius betrogen, rächten sich nun eben an Rom und nahmen alles mit, was sich bewegen ließ, selbst die Rinder und Ziegen. Über vier Jahrzehnte brauchte es, bis all dies einigermaßen vernarbte. Und genau zu der Zeit, als eben sich wieder erster Wohlstand einstellte, tobten die Wandalen von Afrika herüber – und das ganze Unglück wiederholte sich. Zwar zerstörten die Räuber kaum Kunstwerke, legten auch keine Brände, doch sie plünderten so systematisch, daß hinterher einfach alles leer war, kein Römer mehr etwas besaß. Und da zu diesen schlimmen Schlägen ständig sonstige Überfälle, Plünderungen, Zerstörungen hinzukamen, krochen endlich nur noch Hunger und Tod durch die Straßen der einstigen »Herrin der Welt«.

Gerade diese Notzeit aber wurde eben zur großen Möglichkeit des Patriarchats, und der Patriarch Leo, der damals, zwischen 440 und 461 amtierte, nutzte sie meisterhaft. Er mühte sich um die Versorgung der Stadt, verhandelte mit den Feinden, half, linderte, war allgegenwärtig. Das Volk nannte ihn liebevoll Väterchen, »Papa«, woraus dann auch im Deutschen »Papst« wurde. Durch Vater Leo gewann das Amt des römischen Patriarchen höchstes moralisches Ansehen, er hieß ringsum nur der »heimliche weströmische Kaiser«.

Theoretisch unterstand auch er noch immer den Caesaren zu Ravenna, doch praktisch waren diese gar nicht mehr vorhanden und nur noch vollauf beschäftigt, mithilfe ihrer germanischen Söldner die Feinde wenigstens von der Residenz fernzuhalten. Und als den letzten dieser Imperatoren seine Germanen 476 absetzten, kam es der Umwelt allenfalls vor,

»als ob ein Häuflein Kehricht weggeräumt würde«: Exakt 81 Jahre hatte das weströmische Kaisertum gedauert – 81 Jahre, von denen sich wohl kaum sagen läßt, daß sie besonders ruhmvoll gewesen seien.

Gleich danach freilich wandte sich das Blatt. Die Ostgoten besetzten Italien, ihr König Theoderich baute eine straffe Herrschaft auf und regierte das Land von 493 bis 526 im Auftrag des Kaisers in Konstantinopel. Es war eine sichere, gute Zeit, die Wirtschaft blühte, selbst Rom erholte sich. Obwohl der »Barbarenkönig« die alte, heilige Hauptstadt verschmäht und sich gleichfalls in Ravenna niedergelassen hatte. Auch waren die Goten Christen. Theoderich regierte gerecht und tolerant, die römischen Patriarchen arbeiteten vorzüglich mit ihm zusammen und erreichten sogar nicht nur die erneute Bestätigung ihres Wirkungsbereichs, sondern auch die gesetzliche Bestimmung, daß kein Papst mehr von einem Menschen gerichtet werden dürfe. Sie fühlten sich durchaus wohl unter der Gotenherrschaft und hofften mit den meisten Menschen in Italien, daß die Verhältnisse nun möglichst lange so blieben.

Aber diese Hoffnung trog. Nur 27 Jahre nach Theoderichs Tod ließ der Kaiser von Konstantinopel zwischen 535 und 553 in einem gnadenlosen Kriegszug das gesamte Volk der Ostgoten vernichten und Italien wieder zu einer oströmischen Provinz erklären. Und nun war's wieder wie vor Theoderich: Das Land durfte Steuern bezahlen und Soldaten liefern, erhielt aber weder Hilfe noch Schutz.

Und so konnten dann eben auch 568, gerade eineinhalb Jahrzehnte nach dem Ende der Goten, die Langobarden über das bedauernswerte Italien herfallen – und sich niederlassen: Über Nord- und Mittelitalien errichteten sie ein Königreich mit der Hauptstadt Pavia, in Süditalien zwei weitere Herzogtümer. Für Konstantinopel blieb nur Ravenna mit einigem Umland, Rom samt seiner Region, Neapel, die beiden italienischen Südspitzen und Sizilien. Es wahr nicht mehr viel, aber das ließen die Langobarden dem fernen Kaiser im Osten dann doch fast 200 Jahre lang. Und der oströmische Statthalter, der »Exarch« zu Ravenna, konnte die Restgebiete diese ganze Zeit über unbehelligt für seinen kaiserlichen Herrn verwalten – damit also auch Rom.

Was den Patriarchen eigentlich recht angenehm war: Zwar hatten sie nun wieder den oströmischen Caesaren als Oberherrn, doch brachte das, außer einiger formeller Zugeständnisse, kaum Veränderungen, und sie konnten, geschützt vor den gewalttätigen Langobarden, sich in Ruhe ihren bemerkenswert langfristig angelegten Plänen widmen: Sie sammelten und mehrten den kirchlichen Grundbesitz und begannen schon, daraus eine weltliche Herrschaft zu formen, sie übernahmen für Ostrom Verwaltungsaufgaben und vergrößerten dadurch ihren politischen Einfluß, und sie wandten sich den germanischen Völkern zu. Westgoten, Sweben und Langobarden wurden katholisch und unterstellten sich Rom ebenso wie die Angelsachsen in England.

Dabei wußten die »heiligen Väter« natürlich sehr wohl, daß die oströmische Herrschaft über die Stadt Rom nur ein Zwischenspiel sein konnte und das energische Volk der Franken irgendwann auch die Landkarte Italiens gründlich verändern würde. Die konsequente Ausweitung des fränkischen Reiches spätestens seit etwa 500 ließ keinen anderen Schluß zu. Sie zeigte, daß sich hier die künftige Führungsmacht des Westens herausbildete.

Und somit war es unerläßlich, daß die Patriarchen von Rom, die Päpste, mit der fränkischen Führung möglichst rasch eine möglichst enge Zusammenarbeit begannen. Der Boden war ohnehin schon längst bereitet, sie hatten ihre wirkungsvollste Waffe eingesetzt, sie hatten missioniert, »das Wort Gottes verbreitet«. Mit Erfolg. Schon am Weihnachtstag 497 ließ sich der Frankenkönig Chlodwig taufen. Allerdings, und das war ganz und gar nicht im Plan, dachte der nicht daran, sich in irgendeine Abhängigkeit zu begeben. Er zimmerte vielmehr eine fränkische Nationalkirche, die dem Einfluß des römischen Patriarchen vollständig entzogen war.

Doch Rom gab nicht auf. Unverdrossen lobte und segnete der Papst die fränkische Eroberungspolitik »als Hilfe bei der Verbreitung des Evangeliums«. Er stand sofort bereit, als das alte, müde Königsgeschlecht der Merowinger abdanken mußte und das neue, die Karolinger, 743 die Macht an sich zog. Denn, auch das wußte die päpstliche Kanzlei längst, diese Karolinger brauchten Unterstützung, Unterstützung wegen ihrer Herkunft. Objektiv gesehen nämlich waren die eben doch ganz einfach »Emporkömmlinge«, waren keine der alten Familien und schon gar nicht »aus königlichem Geblüt«.

Sie hatten also kein »Königsheil«. Das ganze Volk sah das so. Und derlei konnte gefährlich werden. Ergo wurde dem ersten der karolingischen Könige, Pippin, dringend geraten, er möge sich an den Papst wenden und bitten, ihn irgendwie religiös zu legitimieren, damit das Volk endlich zur Überzeugung komme, daß das »Königsheil« auf ihn übergegangen sei. Der neue König tat wie ihm empfohlen, doch der Papst nannte seinen Preis: Gerne werde er natürlich helfend beistehen, doch im Gegenzug müsse dann doch die gesamte fränkische Nationalkirche Rom unterstellt und entsprechend organisiert werden. Er werde dafür einen Legaten, den Erzbischof Bonifatius schicken, der dann auch die erbetene liturgische Königslegitimation vornehmen könne.

Pippin atmete auf, Bonifatius kam, »erfand« als Form der Legitimation die Königssalbung – und salbte also 751 zu Soissons den Herrn Pippin zum König und verkündete dem

Volk, daß der Geist Gottes auf den Gesalbten herniedergestiegen und dieser künftig vom wahren Königsheil erfüllt sei. Danach ordnete Bonifatius die fränkische Kirche und verband sie auf jede nur mögliche Weise mit Rom.

Allerdings mußte Pippin bald danach erkennen, daß er das Mißtrauen seiner Franken noch immer nicht überwunden hatte und die Salbung durch Bonifatius keineswegs ausreichte. Also wandte er sich wieder an den Papst. Und diesmal kam der Heilige Vater persönlich ins Frankenland, im Jahr 754 und in die Pfalz Quierzy bei Reims. Natürlich sagte er dem geplagten König Pippin gütig eine nochmalige Salbung, Weihe und Krönung zu. Doch nun wollte er als Gegenleistung eine endgültige Neugestaltung Italiens erreichen. Zum einen müßten die Langobarden gebändigt und unter fränkische Kontrolle gebracht werden, zum anderen seien endlich die Reste der oströmischen Herrschaft zu beseitigen, vor allem über Rom und über Ravenna.

Das hörte sich brauchbar an. Und für eine Aktion gegen die Langobarden ließ sich auch leicht ein Kriegsgrund konstruieren. Nur für den zweiten Punkt, da brauchte man eine sichere, juristisch unanfechtbare Handhabe. Weshalb in der königlichen Kanzlei ein erstaunliches Dokument entstand: Die Schreiber Pippins zauberten eine »Urkunde« des Kaisers Konstantin, in der dieser römische Imperator kundtut, daß er die gesamte westliche Hälfte seines Reiches samt Rom und Italien »den Bischöfen von Rom und Nachfolgern des heiligen Petrus überläßt«.

Eine geniale Lösung. Man beglückwünschte sich und beschenkte sich gleich gegenseitig. Der Papst übertrug Pippin die Herrschaft über den Westteil des römischen Imperiums, Pippin schenkte dem Papst Rom und Ravenna samt Umland und einem verbindenden Gebietsstreifen dazwischen – den Kirchenstaat eben.

Vorsichtig gesagt war das Ganze ja eine haarsträubende

also Fälschung.

Unverfrorenheit. Und die oströmische Regierung, die mit diesem »Dokument« alle Rechte in Italien verloren hatte, sah das auch so. Nur besaß sie keinerlei Möglichkeiten, gegen die fränkische Militärmaschinerie anzukommen – und überging deshalb die Sache mit Stillschweigen. Daß dieses Stillschweigen auch als Billigung und Anerkennung gedeutet werden konnte, mußte sie in Kauf nehmen.

Der Frankenkönig und der römische Papst aber beschlossen ihr so erfolgreiches Treffen mit der nochmaligen, festlichen Salbung und Krönung Pippins in St. Demis durch den Papst. Und der König konnte danach endlich hoffen, nun doch wenigstens die Mehrheit der Zweifler an seinem »Königsheil« bekehrt zu haben.

Im übrigen zog Pippin noch im selben Jahr nach Italien und klärte dort die Dinge im besprochenen Sinn. Nur das südliche Italien blieb unbehelligt, vorerst. Schließlich wollte man die Oströmer denn doch nicht allzu sehr reizen. Insgesamt aber konnten sie beide zufrieden sein: Der Frankenkönig hatte seine Herrschaft auf Italien ausgedehnt, und der Papst nicht nur die Oberherrschaft des Kaisers von Ostrom abgestreift, sondern auch ein eigenes, reiches Territorium errungen, das ihm die völlige Unabhängigkeit sicherte. Vor allem aber verfügte nun das Papsttum in dieser »Konstantinischen Schenkung« über eine unschätzbare Waffe, mit der es in der Folge nahezu alle politischen Ansprüche begründen konnte.

Ein nächster entscheidender Schritt gelang den Päpsten dann unter Pippins Sohn, der als Karl der Große in die Geschichtsbücher einging. Dieser bedeutende Herrscher hatte ja in nur 32 Jahren das gesamte Abendland unter seiner Herrschaft zusammengefaßt, von der Oder bis zum Atlantik, von der Nordsee bis hinter Rom. Nur Skandinavien, England und Spanien fehlten noch. Da lag es auf der Hand, daß einem König dieser Dimension die weströmische Kaiserkrone zustand. Auch der Papst fand das und drängte Karl geradezu, diese »höchste Krone« anzunehmen. Und Karl gab sein Einverständnis.

Die Krönung war für den Weihnachtstag des Jahres 800 in der Peterskirche zu Rom angesetzt. In dem riesigen Raum drängen sich alle Großen des Reiches, vorne, beim Altar, kniet der König im goldenen Mantel, vor ihm steht der Papst und hebt die Krone hoch – ein Lorbeerkranz aus Gold. Und dann setzt er sie plötzlich und fast hastig auf das Haupt des Knieenden.

Augenzeugen berichten später, Karl sei zusammengezuckt, habe zornig aufgeblickt und für einen Augenblick Miene gemacht aufzuspringen. Wohl, weil ihn der Papst überraschte, weil er sich nach Art der oströmischen Kaiser die Krone selbst hatte aufsetzen wollen, um, wie die Formel hieß, »von Gott gekrönt zu sein«, von Gott direkt die Krone empfangen zu haben. Denn sicherlich wußte Karl sehr wohl, wie die »Konstantinische Schenkung« entstanden war, und er mußte daher alles vermeiden, was den Eindruck erwecken konnte, der Papst habe ihm die Krone verliehen, ihn gleichsam mit dem weströmischen Imperium belehnt.

Daher hat er später offenbar auch seinen Sohn Ludwig veranlaßt, sich selbst zu krönen. Im Jahr 812, in Anwesenheit des alten Kaisers, setzte sich Ludwig in St. Denis die Caesarenkrone selbst aufs Haupt – »a deo coronatus«, von Gott gekrönt. Karl war beruhigt, die Unabhängigkeit der Kaiserwürde von den Päpsten schien gesichert.

Doch 816, nur zwei Jahre nach Karls Tod, änderte Ludwig seine Meinung. Er, dem nicht umsonst der Beiname »der Fromme« zugeteilt wurde, ließ sich von seinen geistlichen Beratern überzeugen, daß »eine selbst vollzogene Krönung vor Gott wertlos, ja, eine Vermessenheit« sei. Somit kam in jenem Jahr 816 der Papst nach Reims und krönte dort den Reumütigen eben nochmals.

Und von da an waren die Patriarchen von Rom die Herren über die Kaiserwürde, mußte jeder Kaiser des Abendlandes den Papst um die Krönung bitten.

Allein, auch diese Machtfülle genügte den Päpsten nicht. Denn noch immer waren sie ausschließlich geistliche Herren und durften daher nach dem Kirchenrecht eigentlich keine weltliche Gewalt ausüben. Weshalb sie etwa auch alle die herrlichen Möglichkeiten, die ihnen nunmehr aus der »Konstantinischen Schenkung« zuwuchsen, gar nicht richtig wahrnehmen konnten, sondern vielmehr weitergeben mußten.

Ja, sie waren genaugenommen nicht einmal berechtigt, ihren schönen Kirchenstaat von Rom bis Ravenna, den ihnen der König Pippin geschenkt hatte, selbst zu regieren.

Doch es fand sich auch hier eine Lösung. Sie ließen um das Jahr 850 eben einfach ein weiteres »erstaunliches Dokument« fertigen, wiederum in einer fränkischen Kanzlei, diesmal in Reims. Die folgenschweren Blätter geben vor, eine Sammlung von Dekretalien, also Rechtsentscheidungen des heiligen Isidor zu sein, eines verehrten Kirchenvaters und Erzbischofs von Sevilla, der zwischen 560 und 636 lebte. Und die enden mit der Forderung, daß die Unabhängigkeit der Kirche durch den »Papst als den Garanten der kirchlichen Freiheit« erreicht werden soll – und daß daher die Verkündung auch der irdischen Oberhoheit des Papstes über den Erdkreis unerläßlich sei.

»Papa caput totius mundi«, der Papst, das Haupt der ganzen Welt, der Papst, der geistliche und weltliche Universalherrscher: Das war nun in der Tat eine Vorstellung, deren Kühnheit jene der »Konstantinischen Schenkung« noch um einiges überstieg. Kein Wunder, daß man dafür eine so gewichtige und untadelige Autorität wie den heiligen Isidor bemühte. Doch so seltsam und verstiegen sich diese Gedankengänge auch ausnehmen mochten, sie wurden sogleich in

Umlauf gebracht, kopiert, verbreitet, erläutert. Und schon wenige Jahre nach der »wunderbaren Auffindung« dieser Dekretalien begann Papst Nikolaus I. Machtansprüche daraus zu formulieren.

Sicher, später wurde dieser »Isidor« dann doch als Fälschung entlarvt, ebenso wie die »Konstantinische Schenkung«, und auch die päpstliche Verfügungsgewalt über die Kaiserwürde verlor sich irgendwann. Aber bis dahin vergingen fünfhundert Jahre und mehr, und während des ganzen Mittelalters bildeten der »Isidor«, die »Schenkung« und die Macht über die Kaiserkrone die drei entscheidenden Säulen der päpstlichen Politik, verhalfen zur Durchsetzung weitgehendster Forderungen und brachten den Päpsten zu Rom tatsächlich für ein volles Jahrhundert, zwischen 1200 und 1300, die nahezu uneingeschränkte Herrschaft über die westliche Christenheit ein, die erstrebte »Weltherrschaft«, nach ihrem Verständnis jedenfalls.

Durchaus, die Bischöfe von Rom konnten schließlich eine bemerkenswerte Laufbahn vorweisen, eine Laufbahn, die von ihnen Schritt für Schritt, zäh und unbeirrt aufgebaut worden war. Souverän hatten sie sich ihres ureigensten Instruments, des Klerus bedient, und da wiederum besonders der Klöster und ihrer Möglichkeiten. Aus der Macht über das Denken der Menschen formten sie die Macht über die Politik, flochten ein geniales Netzwerk aus Ansprüchen, Abkommen, Querverbindungen, in dem sich am Ende ihre Hauptgegner, die deutschen Kaiser, hoffnungslos verfingen.

Gewiß sinnierten während der vielen Jahrhunderte Unzählige darüber nach, ob das alles gut, gerecht, mit den religiösen Werten überhaupt vereinbar sei. Doch im Spiel um die Macht hatten lautere Überlegungen noch nie Gewicht, da zählen nur die Fakten. Und die sprachen hier – für Rom.

Die heilige Ordnung

Als am 2. Februar 962 nach der Krönung Ottos I. Kaiser und Papst zusammen aus dem Portal der Peterskirche zu Rom treten, alle Glocken läuten und der Jubel des Volkes über die Stadt braust, da meint fast jeder zu spüren, daß nun eine neue, gute Zeit beginne, in der die weltliche und geistliche Kraft des Abendlandes zusammenfinden. Und diese Hoffnung scheint um so mehr begründet zu sein, da die beiden Mächtigen neben ihrem »edlen, hehren Willen« auch höchst irdische, handfeste Gründe für ein ganz enges Zusammenwirken haben.

Die Ängste und die Sicherheitssehnsucht des Papstes sind ohnehin bekannt samt seiner Erleichterung, für sich und seine Kirche endlich den richtigen Beschützer gefunden zu haben. Doch auch der neue Kaiser braucht das Bündnis. Vor gut zehn Jahren schon hat er, wie ja auch Karl der Große, erkennen müssen, daß er auf seinen Adel einfach nicht bauen kann. Und um nicht gleichfalls eine neue Adelsschicht schaffen zu müssen, bezog er einfach die vorzüglich ausgebildete und ihm ergebene Geistlichkeit in die Reichsverwaltung ein. Die Bistümer und Abteien wurden direkt dem König unterstellt, er setzte alle Amtsträger ein und konnte sie nach Eignung und Notwendigkeit mit Regierungsaufgaben betrauen. Und bald fanden sich denn auch Vertreter des hohen Klerus in fast allen Schlüsselpositionen.

Dieses Reichskirchensystem aber ließ sich nur zum Erfolg führen, wenn die Interessen von Reich und Kirche dieselben waren, wenn sie sich nicht widersprachen, wenn sie nicht durch Gegensätzlichkeit die geistlichen Reichsbeamten in Gewissenskonflikte stürzten. Eine Möglichkeit, eine solche Geschlossenheit zu erreichen, hätte darin bestanden, die Reichskirche von Rom zu lösen und zu einer Nationalkirche zu formen. Das schied aus. Es wäre zu schwierig geworden. Weshalb eben die zweite Möglichkeit versucht werden mußte, nämlich das Papsttum in dieses System einzubinden. Und genau das scheint durch dieses Bündnis nun gelungen. Es kommt jetzt nur noch darauf an, ständig Absichten und Aufgaben von Kirche und Reich in Übereinstimmung zu halten.

Allerdings läßt sich Otto auch ausdrücklich die kaiserlichen Rechte Karls des Großen bestätigen: Dem Kaiser kommt als dem von Gott berufenen Schirmherr der Christenheit die oberste Leitung und Kirchenhoheit zu, er leitet die Reichssynoden der Bischöfe, entscheidet kirchliche Fragen und hat bei den Papstwahlsynoden das entscheidende Wort. Der Papst ist dem Kaiser, eigentlich, nachgeordnet.

Und eben das bereitet jenen, die an diesem Tag nicht sehr jubeln, erhebliche Sorgen. Denn mag der gegenwärtige Papst auch noch so umgänglich und nachgiebig sein, die eigentliche Kirchenpolitik wird seit nun schon gut vier Jahrhunderten von der päpstlichen Kanzlei formuliert – und das ist eben doch so ziemlich reine Machtpolitik, sorgsam, klug und überlegen. Nicht umsonst nennt sich diese Kanzlei »Kurie«, nach der »Curia«, dem antiken Rathaus Roms, von dem die Eroberung des Imperiums ausging. Es ist zu befürchten, daß diese Kurie auch das neue Kaisertum nur so lange dulden wird, als sie es braucht.

Doch zunächst scheinen sich diese Bedenken nicht zu bestätigen. Das Einvernehmen ist herzlich, auch unter dem freilich recht glücklosen Nachfolger Otto II., der jedoch schon mit 28 Jahren in Rom stirbt. Der Leibarzt des Papstes hat ihn falsch behandelt. Doch wer nun auf ein Machtvakuum hofft, sieht sich getäuscht. Die Kaiserinwitwe Theophanu, eine griechische Prinzessin, regiert für den kleinen, unmündigen Thronfolger das Reich ein Jahrzehnt lang kraftvoll und mit größtem Erfolg.

Ihr Tod kommt zu früh. Der Sohn muß schon mit 14 Jahren als Otto III. die Regierung übernehmen, entwickelt aber unter dem Einfluß seines Lehrers ein geniales Konzept für ein christliches Imperium mit der Hauptstadt Rom. Allerdings unterläuft ihm der verhängnisvolle Fehler, die »Konstantinische Schenkung« als Fälschung zu bezeichnen: Ein gelenkter Volksaufstand vertreibt ihn aus Rom, und er stirbt auf einer Burg außerhalb an einer Magenkrankheit, mit 21 Jahren. Auch der von ihm eingesetzte Papst wird gleich danach vergiftet.

Sein Onkel und Nachfolger Heinrich II. mag daher mit Rom nichts zu tun haben. Er beginnt, sich in Bamberg eine neue Hauptstadt zu bauen und stützt sich vor allem auf deutsche Päpste – von denen er freilich mehrere braucht, weil sie alle sehr rasch sterben. Eine Erfahrung, die Konrad II., der auf ihn folgte, gleichfalls machen muß. Doch da dieser Kaiser mit dem Gewinn von Burgund und anderen Erfolgen verwöhnt wird und er zudem den kirchlichen Dingen einfach ihren Lauf läßt, wiegt solcher Ärger nicht allzu viel.

Der große Streit

Doch eben diese diplomatische Gleichgültigkeit erweist sich als folgenschwer, denn die schlimmen Zustände in der Kirche und besonders im Klerus lassen nach und nach eine eifrige Reformpartei entstehen. Sie nimmt ihren Ausgang in der burgundischen Abtei Cluny und betreibt tatsächlich zunächst nur die Erneuerung des religiösen Lebens im allgemeinen und des klösterlichen im besonderen. Erstaunliche Impulse gehen von ihr aus, und sie begeistert auch Kaiser Konrads Sohn, den ebenso energischen wie frommen Heinrich III.

Voll Bestürzung erkennt er den »Zerfall aller Frömmigkeit«, und als sich schließlich drei Päpste gleichzeitig um den Stuhl Petri streiten, sieht er sich als Schirmherr der Kirche in der Pflicht, zieht nach Rom, setzt alle drei ab und einen Reformer ein. Was ihm freilich verborgen ist: Inzwischen wollen die Reformer längst nicht mehr nur die »Erneuerung der Kirche an Haupt und Gliedern«, sondern auch die Abschaffung des Reichskirchensystems und die Oberherrschaft des Papstes über den Kaiser.

Kaiser Heinrich III. stirbt 1056, seine schwache, frommverzagte Gattin übernimmt für den minderjährigen Sohn die Regentschaft. Und plötzlich tauchen überall wieder Schriften auf mit altbekanntem Inhalt – sind sie wieder da, der »Isidor«, die »Konstantinische Schenkung«, werden damit immer mehr Forderungen gegen das Kaisertum erhoben. Wer nur etwas hinhört, merkt, was sich da zusammenbraut, die Reichsbischöfe, die deutschen Fürsten schrecken auf, Frau Agnes wird von allen Seiten bedrängt, gibt überall nach, richtet heillose Verwirrung an, wird abgesetzt, der kleine König ihr weggenommen.

Der übernimmt dann 1065 als Fünfzehnjähriger mit dem Namen Heinrich IV. die Regierung, in Rom herrschen inzwischen die Antikaiserlichen unbeschränkt und wählen bald danach den machthungrigen Gregor VII. zum Papst. Heinrich wird zur Papstwahl schon gar nicht mehr gehört. Und als der junge König sich wegen eigentlich berechtigter Forderungen mit einem Großteil der deutschen Fürsten überwirft, schlägt Papst Gregor zu: Er verbietet dem deutschen Herrscher, Bischöfe einzusetzen. Dieses Recht stehe allein dem Papst zu.

Aber gerade hier, in diesem Punkt, will Heinrich auf keinen Fall zurückweichen. Denn die Bischöfe sind ja Reichsbeamte. Und wenn der Papst nun die Bischofsstühle mit seinen Vertrauensleuten besetzt, kann er letztlich dem Kaiser die Reichsverwaltung und damit das Reich aus den Händen winden. Nun ist wahrhaftig das eingetreten, was die Mahner vor dem Reichskirchensystem einst »den schlimmsten aller Fälle für das Reich« nannten: Die Interessen von Kaisertum und Papsttum sind nun genau entgegengesetzt, der hohe Klerus wird von beiden Seiten umworben, der Kaiser kann sich auf seine bischöflichen Reichsbeamten nicht mehr voll verlassen.

Schon deshalb muß er Gregors Ansinnen ablehnen, hart und ohne jeden Kompromiß. Doch in dem folgenden Streit taktiert er so ungeschickt, daß es sich Gregor erlauben kann, ihn auf der Fastensynode 1075 mit dem Kirchenbann zu belegen und ihm die Ausübung seines Amtes zu verbieten. Es ist ungeheuerlich: Der Schirmherr der Kirche wird aus dieser Kirche, aus der Gemeinschaft der Christen ausgestoßen! Noch schlimmer: Ehe Heinrich zu einem Gegenschlag ausholen kann, drohen ihm seine deutschen Fürsten, ihn abzusetzen, wenn er nicht sich innerhalb eines Jahres vom Bann lösen könne.

Heinrich ist allein. Jetzt bleibt ihm nur noch die Kirchen-
buße. Denn einem Büßer darf der Papst die Absolution
nicht verweigern, das ist Kirchengesetz. Also zieht er mit
seiner Familie mitten im Winter nach Norditalien zur Burg
Canossa, wo sich der Papst aufhält, tut Buße im »härenen
Gewand«, kniet am 28. Januar 1077 vor dem Papst und er-
zwingt so die Lossprechung. Heinrich hat einen taktischen
Sieg errungen. Doch an diesem Tag ist die alte heilige Ordnung zerbrochen, sind Kaiser und Papst voneinander abge-
fallen. Von diesem Tag an sind Kaisertum und Papsttum
nicht mehr Verbündete, sondern Feinde.

Heinrich IV. regiert noch 28 Jahre mit wechselndem
Glück, bitter bekämpft von den Päpsten. Er stirbt am 7. August 1106. Kurz zuvor hat ihn sein eigener Sohn abgesetzt.

Die Staufer

Jetzt erst, an der Seite dieses unglücklichen Kaisers, traten
die Staufer in die Geschichte. Ihre Vorfahren scheinen zwar
noch um 900 im Salzburgischen gar nicht so unbedeutend
gewesen zu sein, auch läßt sich danach verfolgen, daß sie
ständig sehr geschickt heirateten und schließlich in Schwaben saßen, über einen beträchtlichen Besitz verfügten und
zeitweilig schon das Amt eines schwäbischen Pfalzgrafen,
also eines königlichen Richters, innehatten.

Doch ihr eigentlicher Aufstieg begann mit einer Dame

aus dem Hochadel, Hildegard von Bar-Mousson, die einer dieser schwäbischen Pfalzgrafen 1042 heiratete. Frau Hildegard verfügte über die besten Verbindungen und brachte dann auch den Sohn aus dieser Verbindung an den Hof Heinrichs IV.

Der junge Mann, der sich Friedrich von Büren nannte, bewährte sich. Er blieb unverdrossen an der Seite des Kaisers, vertrat dessen Sache nach Kräften und überall und zählte bald zum engsten Beraterkreis.

Und als dann im Verlauf mit den Fürsten das Herzogtum Schwaben frei wurde, stattete Heinrich seinen Dank für diese Treue ab, indem er den Herrn Friedrich in Regensburg am 24. März 1079 mit dem schwäbischen Herzogtum belehnte. Doch Friedrich von Büren wurde nicht nur Herzog von Schwaben, der Kaiser verlobte ihn auch mit seiner Tochter Agnes. Die Hochzeit konnte allerdings erst acht Jahre später stattfinden, weil das Mädchen bei jener Verlobung erst sieben Jahre zählte – der Altersunterschied zwischen den beiden Gatten betrug immerhin 24 Jahre.

Dennoch, diese Ehe machte den Herzog Friedrich zum kaiserlichen Schwiegersohn und seine Kinder zu Kaiserenkeln. Und da nun ein richtiger Familienname dringend erforderlich war, baute er auf dem Hohenstaufen bei Göppingen in Schwaben eine Burg und nannte sich fortan »von Hohenstaufen«. Das traurige Ende seines Kaisers brauchte er offenbar nicht mehr zu erleben.

Die beiden Söhne des Schwabenherzogs und der Kaisertochter schlossen sich natürlich trotz des Dramas dann eben dem neuen Herrscher an, Heinrich V. Und während der Ältere, Friedrich, das Herzogtum Schwaben übernahm, erhielt Konrad, der Jüngere, die fränkische Herzogswürde und wichtige Verwaltungsaufgaben im Reich.

Heinrich V. hatte es nicht leicht. Er mußte alles, was in den letzten fünf Jahrzehnten zerbrochen war, wieder einigermaßen zusammenfügen. Gewiß, nicht immer bewies er eine glückliche Hand, aber mit dem Papsttum kam er doch zu einem brauchbaren Ergebnis. Am 23. September 1122 schloß er das Konkordat von Worms, in dem er zwar darauf verzichtete, Bischöfe und Äbte formell einzusetzen, jedoch das Recht behielt, ihre Wahl zu bestimmen, ein Vergleich, mit dem das Reich durchaus zurechtkam. Allerdings konnte nun nicht mehr die Rede davon sein, daß der Papst dem Kaiser untergeordnet sei. Vielmehr einigte man sich unter argen Mühen auf die Formel, daß beide Teile gleichberechtigt Stellvertreter Christi auf Erden seien, der Kaiser für den weltlichen, der Papst für den geistlichen Bereich. Wobei alle Beteiligten sehr wohl wußten, daß diese Regelung für die Kurie kaum sehr lange bindend sein dürfte …

Ob Heinrich seine staufischen Neffen mit diesen Verhandlungen befaßte, ist natürlich nicht überliefert. Doch zählten sie auf jeden Fall zu seiner engsten Umgebung, und wenn er etwa nach Italien zog, setzte er sie sogar als seine Reichverweser ein und als Verwalter seiner Haus- und Krongüter – eine heikle Aufgabe übrigens, die ihnen nicht wenige Feinde einbrachte, darunter auch den allmächtigen Mainzer Erzbischof.

Hie Welf, hie Waibling!

Und diese Feindschaft zeigte schon bald ihre Folgen. Am 23. Mai 1125 starb Kaiser Heinrich V., kinderlos. Eigentlich war es da keine Frage, daß der Staufer Friedrich, der Schwabenherzog, als Kaiserenkel und Nächstverwandter der Nachfolger sein werde. Doch der Erzbischof von Mainz lenkte die Dinge anders.

Da war nämlich noch das Geschlecht der Welfen – ehrwürdig alt, älter noch als die Karolinger, ungemein reich und ungemein stolz. Eine Welfin war die Schwiegertochter Karls des Großen, eine Welfenlinie hatte Burgund regiert und schließlich zum Reich gebracht, eine andere besaß die halbe Toskana, das eigentliche Hausgut umfaßte das ganze östliche Schwaben, und seit 1070 waren Welfen auch die Herzöge von Bayern.

Natürlich beabsichtigten zunächst auch die Welfen, zum Nachfolger des toten Heinrich den Staufer zu wählen, schon weil der eine der ihren die Welfin Judith, zur Frau hatte. Doch da unterbreitete ihnen der Mainzer plötzlich einen ganz anderen Vorschlag: Sie sollten dafür sorgen, daß die Fürsten sich für den alten Sachsenherzog Lothar von Supplinburg entschieden. Der habe nur eine einzige, noch unverheiratete Tochter. Diese Tochter aber könne dann den Sohn des welfischen Bayernherzogs, Heinrich den Stolzen, heiraten, wodurch dieser Herr Heinrich nicht nur der Schwiegersohn des Kaisers werde und damit zunächst in der Thronfolge stehe, sondern ihm werde später auch das Herzogtum Sachsen als rechtmäßiges Erbe zufallen – welch ein Angebot: Sachsen, Bayern, die vier Kronen, das Imperium, alles welfisch! Da brauchte es wirklich keine Bedenkzeit!

Natürlich wurde der alte Herzog Lothar gewählt, natürlich heiratete der Welfe die Sächsin, und natürlich gab es Streit mit den Staufern. Weniger mit dem unterlegenen Schwabenherzog. Der fügte sich. Doch sein Bruder Konrad begehrte auf: Er hätte von seinem kaiserlichen Onkel dessen ganzen riesigen Besitz erben sollen, doch König Lothar hielt das meiste davon zurück mit dem Hinweis, das sei kein Familiengut des Verstorbenen, sondern Reichsgut und gehöre der Krone. Es kam zu einem schrecklichen Bürgerkrieg, der über zehn Jahre dauerte und halb Süddeutschland verwüstete. Erst zwei Jahre vor dem Tod Lothars söhnte man sich aus.

Ob dieser Lothar III. ohne einen so unglücklichen Krieg mehr hätte leisten können, muß offen bleiben. So jedenfalls bleibt von seiner Regierungszeit eigentlich nur seine nachgiebige Kirchenpolitik erwähnenswert. Er ließ zu, daß die »Konstantinische Schenkung« erneut nachdrücklich zur Geltung gebracht wurde und der Papst sich als Lehensherr des Kaisers darstellen konnte.

Lothar III. starb am 4. Dezember 1137. Er trug die Krone seit 1125. Nun hoffte eben das ganze Reich auf den energischen Welfen, auf Heinrich »den Stolzen«.

Doch wiederum griff ein geistlicher Herr ein, diesmal der Erzbischof von Trier. Er und der heilige Vater zu Rom wollten auf alle Fälle den Welfen verhindern. So holte denn der Erzbischof ganz schnell und Wochen vor dem angesetzten Wahltermin eine Handvoll gleichgesinnter Fürsten und den Konrad von Hohenstaufen nach Koblenz, ließ den Staufer wählen und hastete dann mit ihm nach Aachen, wo schon der päpstliche Legat wartete, den Gewählten salbte, mit einem symbolischen Reif krönte und zum deutschen König ausrief. Es war eine seltsame Krönung, ohne Krone, ohne die heiligen Reichsinsignien, ohne Gäste, heimlich, einem Staatsstreich nicht unähnlich. Doch immerhin, die Königssalbung und schon gar durch einen päpstlichen Legaten hatte doch ein so hohes Ansehen, daß es niemand mehr wagte, das Königtum Konrads anzuzweifeln. Sogar der betrogene Welfe gab nach und lieferte die Reichsinsignien aus.

Doch nun verlangte König Konrad, daß Heinrich der Stolze auf eines seiner beiden Herzogtümer verzichte, da der Staufer bei einem so übermächtigen Reichsfürsten zweifellos nur ein Schattenkönig gewesen wäre. Doch genau dieses Ansinnen brachte neues Unglück, wieder brach ein Bürgerkrieg aus, noch grausamer, noch verheerender, die Welfen und die Staufer oder, wie sie auch hießen, die »Waiblinger« bekriegten sich gnadenlos, der Ruf »Hie Welf, hie Waibling!« verbreitete zwölf Jahre lang in ganz Deutschland Angst und Schrecken. Danach ergab sich dann zwar eine Art Waffenstillstand. Doch der erste staufische König Konrad III. war dennoch kaum mehr vorhanden, das Reich begann sich aufzulösen, Elend und Hunger bereiteten sich aus.

Und in dieser Lage ließ er sich auch noch auf ein Kreuzzugsabenteuer ein. Vielleicht hoffte er, dadurch Autorität zu gewinnen, doch er erreichte das Gegenteil. Der Kreuzzug zwischen 1147 und 1149 endete in einer Katastrophe, und König Konrad kehrte aus dem Orient zurück als ein Geschlagener, den nun vollends keiner mehr wahrnahm. Und nachdem dann auch noch 1150 sein erst 13jähriger Sohn und Thronfolger vergiftet wurde, gab er auf.

Im Februar 1152 wartete er in der Kaiserpfalz zu Bamberg auf das Ende. Und er wünschte es sich um so mehr, wenn er die Summe seiner Jahre betrachtete. Das Reich war verwüstet, die Menschen in Not, und nicht einmal die Übereinkunft, die nach dem Wormser Konkordat Kaiser Heinrichs galt, daß nämlich Kaiser und Papst gleichberechtigte Stellvertreter Christi seien, nicht einmal diese Übereinkunft hatte sich halten können. In Wahrheit stand der Papst längst über dem Kaiser, das Reichskirchensystem

Kaiser Ottos hatte sich als verhängnisvoller Fallstrick erwiesen.

Es war keine gute Summe, weiß Gott, und sie wurde noch bitterer, weil es ihm sogar versagt blieb, nach Rom zu ziehen und die Kaiserkrone zu holen. Obwohl ihn der Papst und der römische Senat längst so dringend eingeladen hatten ...

Der Nachfolger

Zweifellos hat Barbarossa diese Tragödie aus nächster Nähe miterlebt. Zwar weiß man kaum etwas über die ersten beiden Jahrzehnte seines Lebens, nicht einmal sein Geburtsjahr konnte einigermaßen genau ermittelt werden: Es muß so zwischen 1122 und 1124 liegen. Und obwohl seine Taufschale erhalten blieb, ist nicht bekannt, wo er getauft wurde, noch wo er aufwuchs, noch wer ihn ausbildete.

Aber wir können doch annehmen, daß der junge Friedrich zumindest zeitweise am Hof seines königlichen Onkels war und sehr sorgfältig erzogen wurde. Sein umfassendes Wissen und die hohe Kultur seines Lebensstils bürgen dafür.

Genauer werden die Nachrichten erst mit dem April 1147: Da übernimmt Friedrich von Hohenstaufen vom Vater das Herzogtum Schwaben. Er ist allenfalls 25 Jahre alt, hat ein paar Wochen zuvor die achtzehnjährige Adela von Vohburg

geheiratet – und bricht nur einen Monat nach seinem Amts-
antritt mit dem Kreuzzug König Konrads III. nach Palästina
auf. Zwei Jahre hält ihn dieses unglückselige Unternehmen
im Orient fest, und es ist fast ein kleines Wunder, daß er
1149 wieder einigermaßen unbeschadet zurückkommt.
Aber wenigstens hat während dieser Zeit der König seinen
Rat und sein diplomatisches Geschick schätzen gelernt. So
sehr, daß er nach der Heimkehr höchst aufmerksam be-
obachtet, wie geschickt und energisch der junge Herzog
sein Schwaben regierte. Und nachdem dann 1150 der kleine
Thronfolger Heinrich Berengar mit seinen nur 13 Jahren
gestorben war, holt er den Neffen als Berater zu sich und
führt ihn in die Regierungsgeschäfte ein. König Konrad hat
sich ganz offensichtlich für den Schwabenherzog als
Nachfolger entschieden. Und dann kommt der 18. Februar
1152, jener eiskalte, stürmische Tag in Bamberg, der noch
dem alten Barbarossa ständig gegenwärtig war.

Sie stehen allein in dem weiten, kahlen Raum, er und der
Bischof Eberhard. Der Kranke drüben auf dem Bett atmet
immer schwerer, unregelmäßiger. Es wird wohl nicht mehr
sehr lange dauern. Vor ihnen auf dem brokatenen Teppich
liegen die Kleinodien des Reiches, die Krone, der Königs-
mantel, das Reichsschwert, das Zepter, der Reichsapfel, die
heilige Lanze. Draußen peitscht der Regen gegen die
Mauern. Der Bischof beginnt leise zu beten.

Friedrich fröstelt. Das ist er also, der Augenblick. Wie hat
doch vor vielen Jahre die alte Zigeunerin gesagt? Er werde
die Krone erringen wie ein Fuchs, halten wie ein Löwe und
verlieren wie ein Hund. Erringen wie ein Fuchs – weiß
Gott, vielleicht bleibt ihm gar nichts anderes. Denn einfach
wird es nicht werden. Da ist zum einen der kleine Sohn des
Sterbenden, der sechsjährige Friedrich. Er wird ihn wohl
zum Herzog von Schwaben machen und ihn später als seinen Thronfolger vorschlagen. So ließe sich der Friede sicher wahren.

Anders Heinrich der Löwe. Mit dessen Bewerbung muß er rechnen. Immerhin, Heinrich ist Kaiserenkel, seine Mutter war die Tochter von Kaiser Lothar III. Und er ist Welfe, kann darauf verweisen, daß seine Familie dem Reich Burgund zugebracht hat. Und er hat als Herzog von Sachsen eine gewaltige Anhängerschaft zusammengebracht, darunter ganz sicher auch der allmächtige Erzbischof von Mainz. Denn in Mainz hat der Haß gegen alles Staufische gleichsam Tradition. Er kommt aus jener Zeit, als der Vater, der alte Schwabenherzog Friedrich, die Besitzungen von Kaiser Heinrich V. in der Pfalz zu verwalten und zu verteidigen hatte und dabei auch dem Erzbischof von Mainz kaiserliche Gebiete wieder abnehmen mußte, die von diesem ohne jedes Recht besetzt worden waren. Der geistliche Herr rächte sich, indem er die Wahl des Schwabenherzogs zum König vereitelte. Und auch der jetzige Mainzer dürfte alles versuchen, um seine, Friedrichs Wahl zu vereiteln. Damit muß er rechnen.

Nun, wenigstens steht er nicht mit ganz leeren Händen da. Der Urgroßvater war Kaiser Heinrich IV., der Großonkel Kaiser Heinrich V., der Onkel jetzt König Konrad III. Auch wird er sich als Wunschkandidat des toten Königs vorstellen können, als Beweis dafür die Reichskleinodien in Verwahrung haben. Doch bis zur Wahl muß er um jede Stimme kämpfen – und schneller sein als alle seine Gegner. Da ist es schon von unschätzbarem Wert, daß er hier den Bischof von Bamberg als Zeugen hat, ein Freund, auf den er sich verlassen kann.

Der Kranke regt sich, versucht die Hand zu heben. Friedrich beugt sich über ihn. Was dann gesprochen wurde, ist nun freilich zwar nur von Bischof Eberhard berichtet, doch dürften die Angaben so ziemlich zutreffen – eben, daß König Konrad seinem Neffen die Insignien übergibt und ihn zu seinem Nachfolger bestellt und daß Friedrich seinerseits verspricht, für den kleinen Sohn Konrads die Vaterstelle zu übernehmen und ihm später die Krone zu übertragen.

König Konrad wird im Dom zu Bamberg beigesetzt. Und da das Reich sich in einem so schlimmen Zustand befindet, werden die Fürsten schon für den 4. März 1152 nach Frankfurt zur Königswahl geladen.

Nur zehn Tage lagen zwischen der Beisetzung von König Konrad und dem Wahltermin. Doch sie reichten Friedrich aus, um die wichtigsten Fürsten aufzusuchen und sich ihnen vorzustellen. Er scheint dabei nicht ungeschickt gewesen zu sein …

Frankfurt

Wer staunt da nicht über Frankfurt: Dort wird am 4. März 1152 der neue deutsche König und künftige Kaiser gewählt – in diesem winzigen Flecken, von dem zuvor kaum jemand Notiz nahm, und auf den nun die halbe Welt starrt. Wo sich auf einmal die mächtigsten Herren des Reichs treffen, die weltlichen und die geistlichen, die welfischen – und die staufischen. Und die Abordnungen aus Burgund und Italien, die Gesandtschaften der Polen, der Ungarn, der Dänen, Engländer und Byzantiner. Eine unglaubliche Pracht drängt sich da zusammen, Gold und Silber, Samt und Purpur, jeder will sich nach Kräften darstellen, seinen Reichtum, seine Wichtigkeit. Der Herzog von Sachsen reitet nur hoch zu Roß durch die Gassen, vom Gefolge umringt, den Herold voraus, der Erzbischof von Köln läßt seine Diener Münzen unters Volk werfen, der Trierer unablässig die Armen speisen, den Lothringer begleitet überall eine Schar von Sängern und Gauklern, und die Burgunder laden zu Gastmählern in einem prächtigen Zelt vor der Stadt.

Tausende sind es, die sich zwischen den Häusern zwängen, dazu Pferde, Wagen, Sänften, das Städtchen droht aus den Fugen zu brechen, nur der kleinere Teil der Gäste kommt innerhalb der Mauern unter, die meisten logieren in Zelten auf den Mainwiesen oder in Klöstern, Burgen, Dörfern der Umgebung. Und jeder Ahnungslose fragt entgeistert, weshalb um Himmels willen man ein solches Ereignis in dieses bedauernswerte Gemeindewesen gepfercht habe, wo doch das große Mainz so nahe liege, alle Möglichkeiten biete und zudem bisher immer der Ort der Königswahl gewesen sei.

Jene freilich, die ein wenig mehr wissen, lächeln da fein. Denn die Bestimmung des Wahlorts gehört gleichfalls zum Konzept des Herrn Friedrich, das sich bereits jetzt als meisterhaft erwiesen hat. Schon der Wahltermin, den er durchsetzte: Die kurze Spanne zwischen dem Tod des Königs und der Neuwahl ließ seinen Gegnern gar keine Zeit, sich zusammenzufinden. Und Mainz als Wahlort verbot sich von selbst. Denn über diese Stadt verfügt in der Person des Erzbischofs ein erklärter Stauferfeind. In Mainz hätte Friedrich von Anfang an den Nachteil gehabt. Frankfurt dagegen ist ein Königsplatz, im Besitz der Krone. Hier übt Friedrich, als vorläufiger Sachwalter seines toten Onkels, das Hausrecht aus. In Mainz wäre er Gast des Erzbischofs gewesen, in Frankfurt ist der Erzbischof sein Gast. Und in Frankfurt kann er die Stimmung lenken, arbeiten Stadt und Umland für ihn, ist vor allem auch seine Sicherheit gewährleistet. Zudem stehen hier am Ort schon seit Karl dem Großen eine Königspfalz, ein beachtlicher Dom und eine Reihe sonstiger größerer Anlagen, so daß durchaus eine Königswahl ausgerichtet werden kann. Und schließlich fiel ja auch für Frankfurt als Wahlort die Entscheidung so überraschend, daß für irgendwelche Einwände gleichfalls keine Zeit blieb. Zweifellos, der Schwabenherzog hat seine Wähler allesamt blitzschnell überrumpelt und einfach vollendete Tatsachen geschaffen.

Dennoch, die meisten nehmen das sogar recht beifällig zur Kenntnis. Immerhin beweist ja derlei nur sein Geschick. Und am Morgen des Wahltages sieht sich der Staufer auch einer ausgezeichneten Stimmung gegenüber. Seine diplomatische Vorarbeit zahlt sich aus. Die Welfischen rechnen jedenfalls schon jetzt nicht mehr mit einem Sieg. Zwar wirkt der Hinweis noch immer, daß Heinrich eben doch ein Kaiserenkel sei und das Reich der Welfen wohl mehr zu danken habe als jedem anderen Geschlecht. Doch alle wissen ebenso, daß Heinrich neben Sachsen ja auch Bayern fordert, daß ein König Heinrich Bayern also sicher einziehen und an einen Welfen geben wird, daß dann das Welfenland sich endgültig von Italien bis zur Nordsee dehnen dürfte – und daß gegen einen derart starken Welfenkönig ganz sicher keiner mehr ankommt. Diese Aussicht gefällt eigentlich keinem so recht.

Die Macht der Staufer dagegen hat gerade das richtige Maß, Friedrich ist gleichfalls königlicher Abkunft, ein tüchtiger, kluger Mann mit einem gewinnenden Wesen und zudem Staufer vom Vater, Welf von der Mutter her. Wenn einer den fürchterlichen Zwist zwischen Staufern und Welfen beilegen, dem Reich endlich den inneren Frieden bringen kann, dann er. Friedrichs Wahl scheint schon zu Beginn beschlossene Sache zu sein, die Welfenpartei sieht das ein, und Heinrich der Löwe verzichtet auf eine weitere Kandidatur.

Der Erzbischof von Mainz ist wütend. Aber er denkt nicht daran, sich zu fügen. Als Wahlleiter hat er immer noch seine Möglichkeiten. Und also erhebt er während der Aussprache plötzlich einen bösen Verdacht: Ihn berühre es seltsam, daß König Konrad seinen eigenen leiblichen Sohn übergangen und seinen Neffen zum Nachfolger bestimmt haben soll. Seien nicht Herzog Friedrich und Bischof Eberhard allein bei dem Sterbenden gewesen? Kenne denn jemand sonst noch die letzten Worte des Königs? Wäre es nicht denkbar, daß der Herzog und der Bischof gemeinsame Sache machen und versuchen, den kleinen Königssohn um den Thron zu betrügen?

Friedrich und Eberhard müssen sich verteidigen. Sie tun es geschickt, aber sie überzeugen erst, als Friedrich feierlich verspricht, dem Kleinen ein Vater zu sein und ihn gemäß dem Willen des Königs als seinen Nachfolger einzusetzen. Er selbst zähle ja nun fast dreißig Jahre, und der jetzt Sechsjährige sei dann bei der Übernahme der Krone ohnehin gerade im rechten Alter.

Allein, der Mainzer hakt wieder nach: Also ihm erscheine die ganze Angelegenheit jetzt noch unglaubwürdiger als zuvor, und er empfehle der Versammlung, den sechsjährigen Sohn König Konrads zum König zu wählen. Er für seine Person sei bereit, das Opfer zu bringen und für den Kleinen bis zu dessen Mündigkeit die Regentschaft zu übernehmen. Nun ist es heraus. Die Regentschaft will er, der geistliche Herr, weiter nichts. Das belustigte Gelächter ringsum zeigt dem Erzbischof, daß er verloren hat.

Und die folgende Abstimmung wird denn auch zu einem kleinen Triumph für den Kandidaten: Fast alle wählen sie ihn, Friedrich von Hohenstaufen, Herzog von Schwaben, zum König der Deutschen.

Kraft seines Amtes und pflichtgemäß muß der Erzbischof von Mainz dem jubelnden Volk das Wahlergebnis verkün-

den. Es ist wohl der schwärzeste Tag in seinem Leben. Vor
allem findet er es empörend, daß sich unter der begeisterten
Menge gut dreitausend schwäbische Ritter drängen. Zwar
sagen sie jedem, der es hören will, daß sie ganz und gar
friedfertig seien und nur gekommen seien, um den Ehrentag
des Herrn Herzogs zu erleben. Welchen Auftrag sie wirklich hatten und ob sie auch so friedfertig geblieben wären,
wenn die Wahl für ihren Herrn Friedrich keinen so guten
Ausgang genommen hätte, das kann der wütende Erzbischof niemals in Erfahrung bringen.

Und am nächsten Tag muß er sie gleich noch einmal sehen. Sie stehen dicht an dicht unten am Main und rufen
»Hoch Friedrich!« und »Hoch Schwaben!«, als ihr König
mit seinem Gefolge eine prächtig geschmückte Barke be-
steigt und, begleitet von den Booten vieler Großen des Reiches, langsam auf dem Fluß gegen Westen nach Mainz und
von dort den Rhein abwärts fährt. Es ist ein wahrhaftig ein-
drucksvoller Anblick: All die Schiffe mit den bunten Zelten
darauf, mit den Standarten und Wimpeln der mächtigsten
Fürsten und Kirchenherren, in der Mitte das Königsschiff in
leuchtendem Blau und Purpur, darüber die schwarz-goldene
Fahne des Reiches mit dem heiligen Michael. Menschen
laufen an den Ufern, winken, rufen, von allen Seiten klin-
gen Glocken, Freudenfeuer lodern auf. Und überall stehen
wehrhafte Burgherren mit ihren Mannen, die nach altem
Brauch mit den Schwertern auf die Schilde schlagen, im
engen finsteren Rheintal ebenso wie vor dem strahlenden
Mainz oder den mächtigen Mauern von Koblenz. Vor der
Pfalz bei Komb legen die Boote an, prächtig geschmückte
Pferde und Wagen stehen bereit, viele hundert Reisige und
Knappen. Der Zug, der dann von hier über das hügelige
Land gegen Aachen geht, ist sorgsam zusammengestellt:
Vorab die Herolde, dann eine Schar schwerbewaffneter
Reiter, dann Fürsten mit ihren Gefolgen, in der Mitte der

60

König, umdrängt von einem Wald von Wimpeln und Standarten, danach wieder Fürsten, Reiter. Von allen Seiten laufen die Bauern herbei, staunen ehrfurchtsvoll, knien gar nieder. Es erscheint ihnen fast wie etwas Überirdisches, was
sie da sehen, ja, hier kommt der König, der Herrscher, der
alles klärt und ordnet und alle Not mit fester Hand behebt,
der eine neue, gute Zeit beginnt. So tief ist der Eindruck,
daß »der Tag, da unser Herr durchs Land ritt« noch lange in
den Erzählungen nachklingt. Mit diesem Zug hat sich zum
ersten Mal Friedrichs erstaunliche Begabung gezeigt, sich
selbst und das Herrschertum darzustellen und durch diese
Darstellung Vertrauen und Autorität zu schaffen.

Der Thron der Karolinger

Aachen! Mitte des alten Reiches. Von hier aus fügte Karl
der Große sein christliches Imperium zusammen, das doch
so bald verspielt wurde. Hier, in der Pfalzkapelle, steht auf
der Galerie sein Thron aus weißen Marmorplatten, von dem
aus er den Gottesdienst verfolgte. Und hier, in dieser Kapelle, liegt er begraben.

Aachen! Die Krone, die ein Gewählter hier empfängt, ist
die Krone Karls, ist das Vermächtnis Karls. Friedrich wird
sie tragen.

Je näher die Stadt kommt, desto schweigsamer ist er.
Auch der Jubel dann, die geschmückten Straßen, die Gruß-

botschaften, Abordnungen, die ersten feierlichen Zeremonien – ernst, fast unbeteiligt nimmt er alles an, läßt es über sich ergehen. Und während der Nacht vor der Krönung wacht er am Grabe Karls, betet, meditiert.

Am nächsten Morgen hat sich eine noch weit glänzendere Versammlung eingefunden als fünf Tage zuvor in Frankfurt: Fast vollzählig die Reichsfürsten, die deutschen, italienischen, burgundischen, die Gesandtschaften aus ganz Europa mit Geschenken und Glückwünschen ihrer Könige, alle Geistlichkeit von Rang und Namen, ausländische Würdenträger, höchster und nicht gar so hoher Adel, freie Bauern und Königsvasallen. Aachen strahlt. Es ist lange, lange her, seit es ein ähnlich glanzvolles Krönungsfest gesehen hat. Natürlich faßt die ehrwürdige Kapelle, das Münster, nur einen kleinen Teil der Gäste. Jenen aber, die Platz fanden, wird diese Krönung zu einem Erlebnis. Weniger der Krönungszug, so majestätisch er auch ist oder das wahrhaft eindrucksvolle Krönungszeremoniell vor dem goldenen Altar. Sie werden vielmehr Zeugen, wie das Amt einen Menschen geradezu sichtbar verändert. Nachdem der Erzbischof von Köln den Knieenden gesalbt und ihm den Krönungsmantel umgelegt hat, setzt er ihm langsam die alte Reichskrone aufs Haupt: »Da reckt sich der König auf, sein Gesicht ist blaß, aber kühn und stark, und seine Augen blikken weit in die Ferne«, so ein Augenzeuge. Und vollends, als der Gekrönte »auf dem heiligen Thron Kaiser Karls Platz nimmt, im Ornat der Könige, die Krone auf dem Haupt, Zepter und Reichsapfel in den Händen« – hier spüren alle, daß das Reich wieder einen wirklichen Herrn hat, daß an diesem 9. März 1152 etwas Neues, Wichtiges beginnt.

Und genau das will Friedrich auch, in der Tat. Nur hat er zunächst alle großen Pläne und Träume zurückgestellt und den Rahmen seiner Aufgaben ganz an den Erfordernissen der Wirklichkeit ausgerichtet. Und die ist hart genug. Gewiß, er muß sich den umfassenden Überblick noch erarbeiten, doch die wesentlichen Linien werden sicher bleiben: So ist zuerst und vor allem das Reich wieder zu einer Einheit zusammenzufügen, damit die Wirtschaft sich neu entfaltet und die Lebensgrundlage der Menschen sich bessert. Dafür aber bedarf es der Ruhe und der Sicherheit im Land, die wiederum lassen sich nur durch Gesetze erreichen, das Gesetz schließlich wird nur durch das Recht verwirklicht und durchgesetzt. Also ist das Recht die Grundlage jeglicher Ordnung, jeglicher Entwicklung – und seine Pflege die vornehmste Pflicht eines Herrschers. So hat er es schon als Herzog von Schwaben gehalten, auch damals, als einer seiner besten Männer wegen Gewalttätigkeiten vor ihm stand. An der Schuld des Beklagten gab es keinen Zweifel, Friedrich mußte ihm von Rechts wegen alle seine Besitzungen nehmen und ihn aus dem Land jagen. Und dieser arme Teufel drängte sich nun durch die Menge, als der festliche Zug mit dem Neugekrönten aus dem Münster kommt. Vielleicht hofft er, an diesem Tag seinen Richter gnädiger zu finden. Jedenfalls bricht er, ehe es jemand verhindern kann, durch die Wachen, wirft sich dem König zu Füßen und bettelt um Milde. Doch der hält nur einen Augenblick an, sagt: »Ich habe dich nicht aus Übermut bestraft, sondern weil die Gerechtigkeit es gebietet. Nun kann ich dich nicht wieder begnadigen, denn das wäre gegen die Gerechtigkeit!« und geht weiter. Das Recht darf nicht gebeugt werden, gerade nicht an diesem Tag. Jetzt, wo das Recht ihm mehr gelten muß als je zuvor – wo sich alles so einfach folgert: Durch das Recht zu Sicherheit und Einheit und dadurch zu Wohlstand und Blüte für das ganze Reich. So einfach ist das. Und so unendlich schwierig.

Im übrigen gilt es, keine Zeit zu verlieren. Schon am nächsten Morgen ruft er die Fürsten zu sich. Er möchte möglichst bald zum Königsritt aufbrechen, wenigstens den deutschen Reichsteil bereisen und ordnen. Der böse Zustand des Landes duldet keinen Aufschub. In Italien sind die Verhältnisse zwar auch empörend, einer schlägt auf den anderen ein, die Königsmacht wird verlacht, seit über 60 Jahren konnte sie sich nicht mehr zur Geltung bringen. Doch das muß warten, auch die Kaiserkrönung, obwohl ein solcher Autoritätsgewinn sehr von Nutzen wäre.

Was den Papst betrifft, so muß allerdings sofort gehandelt werden. Die beiden Vorgänger, Kaiser Lothar und König Konrad, haben den Papst jeweils demütig um Bestätigung ihrer Wahl gebeten. Und das scheidet für Friedrich natürlich aus. Auch hier nämlich hat er seine genauen Vorstellungen: Er möchte wieder die alte Ordnung herstellen, so, wie sie vor dem großen Streit und vor Canossa bestanden hat – daß nämlich der Kaiser der weltliche, der Papst der geistliche Führer der Christenheit sei, Statthalter Christi, jeder in seinem Bereich. Und beide gleichberechtigt, nebeneinander ... Es kommt lediglich eine Wahlanzeige zustande: Mit liebenswerter Würde teilt Friedrich Papst Eugen III. mit, daß er durch Gottes Ratschluß gewählt und gekrönt sei. Als Träger der einen, der weltlichen Macht, versichere er, daß er der anderen Macht, dem päpstlichen Stuhl, alle zustehenden Rechte und Ehren erhalten und wiederherstellen werde.

Aber eben nur die »zustehenden Rechte«. Rom konnte sich lange Zeit zu keiner Antwort auf diese Botschaft entschließen.

Der Königsritt

Den König freilich kümmert das wenig. Er muß seine Reise durch die Lande vorbereiten.

Denn das war eine der größten Schwierigkeiten des alten Reiches: Es hatte keine Hauptstadt. Dafür standen weit verstreut prächtige Pfalzen, Königsburgen, in denen der Herrscher regelmäßig für einige Zeit Wohnung nahm und von da aus die Angelegenheiten des jeweiligen Gebietes ordnete.

Zum einen nämlich gab es keine Beamtenschaft, die wie etwa im antiken römischen Reich den Staat im Auftrag des fernen Imperators verwaltete. Zum anderen war der König nach altem germanischen Brauch die höchste richterliche Instanz, die eigentlich jeder anrufen konnte. Und schließlich sah so mancher Fürst allzusehr darauf, die eigene Macht zu stärken und die der Krone zu schwächen. Es konnte nur von Nutzen sein, wenn der König von Zeit zu Zeit persönlich die Dinge wieder geraderückte.

Für den jeweiligen Herrscher freilich bedeutete dieses Regierungssystem eine ungeheure Last. Er war ständig unterwegs von einer Pfalz zur anderen, mit seiner ganzen Familie, allen Beratern und seinem gesamten Verwaltungsapparat – den Notaren, Juristen, Sekretären, Geistlichen, Hof- und Stallmeistern, Leibdienern, Köchen, Mägden und Knechten. Außerdem begleitete den Zug natürlich ein richtiges kleines Ritterheer: Schließlich war selbst der König vor Überfällen nie ganz sicher!

Und wenngleich die Pfalzen zumeist fest eingerichtet blieben und nicht auch noch der ganze Hausrat mit herumgetragen werden mußte, so machten allein schon die damaligen Verkehrsverhältnisse diese königlichen Reisen zu einer einzigen Strapaze.

Solche Gedanken freilich belasten Friedrich damals in Aachen kaum. Er ist jung, was bedeutet da eine Anstrengung! Und gibt es eine bessere Gelegenheit, sich einen Überblick zu verschaffen, als durch Reisen das Land kennenzulernen? Jenen Überblick schließlich, ohne den er gar nicht erfolgreich entscheiden kann?

Zuerst geht es nach Utrecht, wo die Querelen einiger weltlicher und geistlicher Streithähne geschlichtet werden müssen. Dann stürmt er quer durch Sachsen nach Merseburg, überall ordnend, schlichtend, richtend. Und er stürmt tatsächlich. Denn, wenn auch sein Gefolge stöhnt, für ihn ist das Eineinhalbfache eines Tagesrittes selbstverständlich! Halten läßt er nur bei dringenden Anlässen und zur Nacht, wobei durch eine Vorhut das Quartier bereitet sein muß, so wie alles vorbereitet wird, was es jeweils zu erledigen gilt: Gerichtsentscheidungen, Überprüfungen, Belobigungen oder Gegenteiliges. Keine Stunde darf verlorengehen. Nicht selten wird während des Reitens sogar das Essen eingenommen.

Es ist sein erster Reichstag, den er für Pfingsten nach Merseburg einberufen hat. Und natürlich kommen sie schon aus reiner Neugier, fast alle norddeutschen Fürsten, auch viele Slawenherrscher. Etwa Albrecht der Bär, der erst vor kurzem die Mark Brandenburg hat sichern können, oder der Schauenburger, der wichtige Graf von Holstein, die Markgrafen von Meißen und der Lausitz, Pribislaw, der Fürst der slawischen Abrodriten, der das spätere Mecklenburg beherrscht, dazu der Fürst der Liutizen, Abordnungen der Herzöge von Pommern und Schlesien, Bischöfe, Äbte – und natürlich Heinrich der Löwe, Herzog von Sachsen, der gleich mit mehreren der Herren in Hader liegt, darunter auch mit Albrecht dem Bären.

Zudem kommen zwei Prinzen aus Dänemark, die sich um die Krone streiten und Friedrich als Schiedsrichter anrufen. Der entscheidet sich für den älteren von ihnen, Sven, krönt ihn feierlich und nimmt den Lehenseid dieses neuen Dänenkönigs entgegen. Allerdings kommt Sven schon fünf Jahre später um, weshalb Friedrich dann Svens Vetter als Nachfolger einsetzt – jenen Waldemar, der Dänemark zu hoher Blüte führt und als »der Große« in die Geschichte eingeht. Wodurch sich dann die Bindung des Dänenreichs an die deutsche Krone lockert.

Im übrigen kann der Staufer in Merseburg auch alle anderen Fragen klären, sogar den Zwist zwischen den Herren Heinrich und Albrecht, zwischen dem »Löwen« und dem »Bären«, so daß nach wenigen Tagen die ganze so unruhige Region befriedet und gesichert ist. Es wird ein überraschend erfolgreicher Reichstag, durch den sich der neue König sogleich hohe Autorität verschafft. Und die Nachricht davon geht rasch durchs ganze Reich. Weniger rasch gelingt ihm dagegen sein Hauptanliegen: Er will mit den Welfen und besonders mit dem Sachsenherzog Heinrich dem Löwen, der ja sein Vetter ist, zu Frieden und enger Zusammenarbeit kommen. Trotz der Bitternis der letzten Jahrzehnte, trotz Frankfurt – es muß einfach möglich sein. Und Heinrich zeigt sich auch überraschend zugänglich. Doch er nennt seinen Preis: Er verlangt Bayern zurück, das seinem Vater von König Konrad genommen und an die Babenberger gegeben worden war. Friedrich bittet vorläufig um Geduld. Leicht wird das nicht werden! Auf dem Zug durch Thüringen und Franken hinunter zum nächsten Hoftag nach Regensburg kann er zwar überall Frieden herstellen und auch auf dem Hoftag selbst fast all die lästigen Querelen der süddeutschen Fürsten untereinander bereinigen. Aber als er dem Babenberger, immerhin sein Onkel, behutsam die Forderung Heinrichs vorträgt, kommt es zu einem fürchterlichen Auftritt. Und schließlich bleibt Friedrich keine Wahl, als die leidige Bayernfrage den Fürsten auf einem der nächsten Reichstage zur Entscheidung vorzulegen.

Aber das war eigentlich vorauszusehen und schmälert kaum das insgesamt ausgezeichnete Ergebnis dieses Königsritts. Gerade vier Monate dauerte er, brachte dem Land weitgehend Frieden und dem neuen König höchstes Ansehen. Der Staufer könnte eigentlich zufrieden sein, als er in Speyer die Reise feierlich abschließt. Doch er wirkt bedrückt, lächelt kaum: Er hat in diesen Wochen das Land gesehen. Und diesem Land geht es schlecht.

Das Land

Es ist, genau besehen, ein armseliges Land. Noch immer ziehen sich riesige, schier undurchdringliche Wälder darüber hin, und erst in den letzten Jahrzehnten dringt zaghaft das Ackerland vor, meist von den Ufern der Flüsse her, die schon seit alters bebaut und bewohnt sind. Gewiß, man kann nicht auf die Wälder verzichten, sie geben Weide für das Vieh, liefern Wild, Beeren und sonstige Früchte. Aber das Hauptnahrungsmittel ist das Getreide, sind Erbsen, Linsen, Bohnen. Und das alles kommt nur vom Acker.

Weil nun aber die größeren Siedlungsgebiete kaum zusammenhängen, sondern meist durch Waldgürtel oder Sümpfe getrennt sind, lebt und wirtschaftet jeder so ziemlich für sich allein. Eine Mißernte durch Hagelschlag oder Überschwemmungen führt da bereits zur schrecklichsten Hungersnot, obwohl vielleicht drei Tagesreisen weiter das Doppelte des Notwendigen geerntet worden ist und man sehr gern den Überfluß gegen Vieh oder anderes eintauschen würde.

Aber wie dorthin gelangen? Die wenigen Straßen, die es überhaupt gibt, sind Trampelpfade, die sich beim kleinsten Regen in Morast verwandeln und nicht selten, wenn das Tal zu eng wird, einfach in ein Bachbett übergehen. Man muß sich darin weiterquälen, bis der Weg irgendwann wieder aus dem Wasser ans Ufer steigt.

Brücken? Wie viele gibt es schon? Und die wenigen sind dürftige Holzgerüste, weder sicher noch dauerhaft. Wasserläufe werden auf Furten überquert, flache Stellen, die das Durchwaten möglich machen. Hat das Hochwasser eine Furt weggeschwemmt, kann es Tage dauern, bis sich irgendwo flußauf- oder abwärts eine andere findet.

Über breite, tiefe Ströme kommt man überhaupt nur von einer Siedlung aus. Dort gibt es zuweilen einen Fährmann oder Fischer, der einen übersetzt.

Was Wunder, wenn sich fast der gesamte Verkehr auf den Flüssen abspielt. Denn die Wege durch Wälder sind nicht nur beschwerlich, sie sind auch unsicher! Viele bedauernswerte Tröpfe nämlich haben sich von ihren Herren aus Hunger oder Verzweiflung fortgestohlen und hocken nun als Verfemte und Rechtlose in Höhlen oder versteckten Hütten und fristen ihr Dasein durch Überfälle auf Reisende: Räuber eben!

Keine ermutigende Bestandsaufnahme, in der Tat. Und besonders nicht für einen, der nun die Verantwortung trägt. Zu all dem kommt noch die Not der Bauern in den Dörfern: Leibeigene, die von ihren Herren von einer Fron zur anderen geprügelt werden. Sie hausen in Holz- oder Lehmhütten, die nur aus einem einzigen finsteren, feuchten Raum bestehen, und sind schon selig, wenn sie sich wenigstens einmal am Tag an einem Wasserbrei aus zerstampftem Hafer satt essen können. Mühsam zerren sie selbst den Pflug durch die Felder, weil sie ihre Tiere vor Hunger längst aufgegessen haben.

Welche Szenen, wenn der König auf seinem Zug durch ein Dorf reitet, die zerlumpten Jammergestalten am Weg sich auf die Knie werfen und »Herr! Herr!« schreien. Dieses Elend kommt nicht nur von der Hungersnot im letzten Jahr: Es liegt an den Verhältnissen überhaupt. Und der Adel? Zumal die kleineren Herren hocken dumpf auf ihren Burgen ohne jede Bildung und Lebensart. Im Burghof Abfallhaufen und Unrat, dazwischen Schweine und Hühner, vor den Mauern Pferde und Rinder angepflockt – eine einzige Kloake. Die Fenster sind mit Tierhäuten und Holzläden verschlossen, geheizt wird mit qualmenden Kohlebecken, geleuchtet mit Kienspänen. Natürlich haben diese »Herren« keine Ahnung von den recht zahlreichen Neuerungen im Bereich des Ackerbaus – neue Spannarten, Räderpflug, Dreifelderwirtschaft –, mit denen man die Ernten erheblich steigern kann. Statt sich um diese Dinge zu kümmern und ihre Bauern anzuleiten, nehmen sie ihnen noch das letzte Saatgut weg! Und Städte, in denen sich Künste und Handwerk entwickeln, von denen wirkliche Anregungen ausgehen, gibt es im ganzen deutschen Reich eine gute Handvoll!

Kein Wunder, daß noch immer sehr wenige mit Geld umzugehen verstehen und die Massen weiterhin beharrlich tauschen: Getreide gegen Schweine, Eier gegen Butter, Eisen gegen Hühner.

Ein erster Plan

Es ist eine rundum erschreckende Summe, die am Ende dieses Umritts bleibt. Alles muß völlig erneuert werden. Erst dann läßt sich weiterbauen.

Sicher, die Grundlinien, nach denen der König seine Politik formen will, haben sich als richtig erwiesen. Doch was mit ihnen bewältigt werden muß, das türmt sich auf wie ein fast unübersteigbarer Berg. Allein schon dieser entsetzliche Hunger überall: Er hat ja seine Ursache ausschließlich in der völligen Unfähigkeit der Landwirtschaft, auch nur einen Teil der notwendigen Nahrungsmittel zu erzeugen. Und genau das braucht nicht zu sein. Im Westen nämlich, in Frankreich, wurden längst neue Anbaumethoden und sonstige Neuerungen entwickelt, die in allen Bereichen die Erträge um ein Mehrfaches steigern und festigen, im Ackerbau, in der Haustierzucht, sogar in der Fischzucht. Diese Möglichkeiten müssen übernommen, so schnell als möglich angewandt werden. Und mögen sich auch die Bauern und wohl noch mehr die Grundherren gegen derart Ungewohntes sträuben – dann gilt es eben, sie zu überzeugen. Ebenso, wie es unerläßlich ist, die Fürsten dazu zu bringen, daß sie aus ihren Geldtruhen Saatgut für die Bauern finanzieren. Das ist die Voraussetzung für allen Neuanfang überhaupt.

Und zum dritten muß die Anbaufläche wachsen, indem Waldflächen gerodet und urbar gemacht werden. Von allen drei Aufgaben wohl die einfachste: Denn der Wald gehört dem König. Und also braucht der König nur Grafen und kleinere Herren einzuladen, sich ein Stück Wald zur Rodung geben zu lassen und Bauern anzuwerben, die bereit sind, gegen zusätzliche Freiheiten dieses Land zu kultivieren und zu besiedeln. Zwar wird das erst in ein paar Jahrzehnten die großen Erträge bringen, doch dürften sich schon nach wenigen Jahren die Neusiedler selbst ernähren können. Und das bedeutet für die Herren immerhin, daß sich ohne große Aufwendungen ihr Territorium erfreulich vergrößern läßt. Zumindest bei diesem Projekt braucht Friedrich kaum mit Widerstand zu rechnen, und somit wird er es auch sehr schnell einleiten.

Dennoch, dem Ausbau der Verkehrswege kommt zumindest dieselbe Bedeutung zu wie der Erneuerung der Landwirtschaft. Die Erzeugnisse müssen schließlich befördert werden, die Menschen sich begegnen können. Der Austausch von Erfahrungen, Anregungen und der Austausch von Waren – eines bedingt das andere, ist beides zusammen lebensnotwendig. Also gilt es, ein Netz von Straßen und Wegen über das Land zu bauen, von Hamburg über Erfurt nach Augsburg, über die Alpen, von Köln nach Magdeburg, von Utrecht am Rhein entlang nach Burgund. Und Brücken müssen errichtet werden, möglichst aus Stein und auch für große Lasten befahrbar. Freilich sind solche Maßnahmen teuer und liegen zudem fast nur in der Verantwortlichkeit der einzelnen Fürsten. Auch hier wird der König also überzeugen müssen. Doch er kann vorrechnen, daß sich über die Brücken- und Wegezölle die Kosten in kurzer Zeit wieder einnehmen lassen und daß danach alle weiteren Einkünfte fast reine Gewinne sind.

Und mit demselben Argument wird er seine Fürsten drängen, das Handwerk zu fördern. Nur ein tüchtiger Handwerkerstand vermag solide Burgen, Dörfer, Städte und eben auch Verkehrswege zu bauen und die Werkzeuge zu konstruieren, ohne die ein erfolgreiches Wirtschaften nicht möglich ist – Wagen zum Beispiel, Pflüge, Fässer, Waffen, Kessel, Kelter.

Da diese Produkte aber wiederum vertrieben werden müssen, ist der Handel unerläßlich. Mehr noch, er allein kann das Produzierte sinnvoll verteilen, kann Überschüsse und Mängel ausgleichen. Und wenn es einer Region gelingt, in der Landwirtschaft, im Handwerk mehr zu erzeugen, als sie benötigt, kann sie dieses Zusätzliche andernorts verkaufen, mit den Einnahmen den Wohlstand mehren – und damit das Steueraufkommen. Auch das wird er den Herren vorrechnen. Um den Handel aber wirksam zu fördern, genügt es nicht, möglichst viele neue Märkte einzurichten und Fernhandelsstraßen auszubauen. Ebenso wichtig sind Städte. In den Städten bilden sich Handel und Handwerk am besten aus, lassen sich am ehesten erfolgreiche Märkte abhalten, Stützpunkte für die Fernverbindungen anlegen. Die wenigen Städte, die es gegenwärtig gibt, beweisen das eindringlich. Und die Bischöfe, denen die meisten davon gehören, ziehen prächtigen Gewinn daraus. Gibt es ein besseres Argument für neue Stadtgründungen? Doch selbst sie kann der König nur in seinem eigenen Territorium direkt veranlassen – und dabei hoffen, daß sein Vorbild die anderen Großen anspornt: Nur wenn sich über das ganze Land solche Zentren bilden, von denen aus die Wirtschaft ringsum angeregt und gestützt werden kann, nur dann wird eine ruhige und erfolgreiche Entwicklung möglich und von Dauer sein.

Doch in den Städten dürften sich auch, das haben die Bischofsorte längst gezeigt, Kunst und Wissenschaft und höhere Lebenskultur entfalten. Und das könnte den jeweiligen Regionen nur gut tun.

Fehden – die Geißel des Landes

Angesichts der schlimmen Gegenwart wagt auch König Friedrich nicht zu glauben, daß sich dieses geradezu wunderbare Resultat so bald erreichen läßt. Aber sein Konzept ist schlüssig, und er sieht in ihm durchaus einen Weg, der Erfolg verspricht. Allerdings werden diese Entwicklungen die ersten Ergebnisse frühestens in einigen Jahren bringen, Elend und Hunger jedoch herrschen jetzt. Deshalb muß er zur Überbrückung umgehend Verordnungen erlassen, die wenigstens die schlimmste Not lindern.

Und sofort muß er gegen die Unsicherheit auf den Überlandwegen einschreiten. Denn wie soll sich der Handel entwickeln, wenn die Kaufleute keine Reisen wagen können, weil sie schutzlos jedem Überfall ausgesetzt sind? Und weil sie an jeder Wegbiegung mit einem Überfall rechnen müssen? Schließlich lauern in den Wäldern ja nicht nur die armseligen Räuberbanden, sondern auch und besonders die Truppen kleinerer und größerer Adeliger, oft gar unter der Führung ihrer Herren, die die bedauernswerten Händler kurzerhand erschlagen und die Warenzüge wegführen. Einfach so, zum Spaß, während irgendeiner Fehde.

Fehden aber und Kleinkriege toben unentwegt und überall. Sie sind die wirkliche Geißel, sie zerstören gnadenlos, zertreten sogleich wieder jeden Ansatz zu einem Aufbau. Sie verwüsten das Land ganz wörtlich, machen weite Flächen zu Wüsteneien, brennen, morden, entvölkern. Aber auch er, der König, kann nicht daran denken, Fehden überhaupt zu verbieten. Er würde den gesamten Adel gegen sich aufbringen und sich und seine Stellung gefährden. Das Feh-

Schwertkampf zweier Ritter zu Fuß mit stumpfen Schwertern ohne Rüstung und Helm, eine Miniatur aus der Manessischen Handschrift, um 1330.

derecht gibt es schließlich immer schon, es ist uralt und kommt noch aus der germanischen Überlieferung. Es ergab sich einfach aus naiver Rauflust und berechtigt den Adel, Meinungsverschiedenheiten untereinander mit der Waffe auszutragen. Ganz früher mögen das ja Zweikämpfe gewesen sein oder Kämpfe zwischen Gefolgschaften. Spätestens aber seit die Adeligen Grundherren sind, wird ihr ganzer Besitz, ihr ganzes Territorium in die Fehden mit einbezogen. Man überfällt das Land des Gegners, vernichtet Ernten, verbrennt Höfe und Dörfer, tötet Menschen und Vieh. Oder treibt sie weg, als Beute. »Erschlägst Du meinen Bauern, erschlag ich Deinen Bauern!«, so die gängige Lösung. Denn die Leibeigenen und Hintersassen gehören nun einmal zum Besitz des Herrn ...

Die Fehden hemmen jede Entwicklung, von dem Leid, das sie verursachen, ganz zu schweigen. Auch die jüngsten verheerenden Kriege zwischen Kaiser Lothar und dem Staufer Konrad oder zwischen Konrad und den Welfen waren schließlich Fehden. Der erschreckende Zustand des Landes jetzt ist das Ergebnis. Doch einem Regenten sind hier die Hände gebunden. Sein Vorfahr Kaiser Heinrich IV. müßte das besonders bitter erfahren. Er hat es als erster gewagt, das Fehderecht angesichts der Verheerungen, die es anrichtete, entscheidend einzuschränken. Der Adel erhob sich – und sein eigener Sohn setzte ihn ab.

Nun, inzwischen ist wenigstens die Kirche zu einer besseren Einsicht gekommen und fordert jetzt unentwegt eine Einschränkung der Fehden. Auch gibt es schon den »Gottesfrieden«, ein Fehdeverbot immerhin doch für die heiligen Tage im Jahr. Und daraus konnten dann endlich die Herrscher den »Landfrieden« ableiten: Wird er ausgerufen, müssen alle Fehden ruhen. Zwar kann er nur für einen genau begrenzten Zeitraum gelten, doch darf dieser Zeitraum durchaus einige Jahre umfassen. Der »Landfrieden« ist ein gutes Instrument. Friedrich wird ihn nutzen – und gleich auch mit Anordnungen verbinden, die den drängendsten Mißständen abhelfen.

Die große Sorge: das Recht

Immerhin, so ein »Landfrieden« ist eben doch ein Königsgesetz, allgemein gültig und allgemein verbindlich. Es gibt wenige solcher Königsgesetze. Sie betreffen meist nur Sonderregelungen und müssen zudem fast immer von einem Reichstag mitbeschlossen werden. Im übrigen gilt in allen deutschen Regionen uraltes Gewohnheitsrecht, dessen Grundformen ebenfalls und noch weiter in die germanische Zeit zurückreichen als die Fehdeordnung. Jeder Stamm, jede Gegend hat ein eigenes Recht, Schwaben, Sachsen, Bayern, Franken, in den Bistümern haben sich Sonderformen herausgebildet ebenso wie schon in den gerade erst neu begründeten Markgrafschaften von Meißen oder Lausitz oder Brandenburg. Und kaum etwas ist aufgeschrieben, das meiste nur mündlich überliefert, weshalb fast jeder Richter zusätzliche Berater um sich braucht und besonders der König in jeder Gegend andere Fachleute berufen muß. Außerdem sind die Unterschiede erheblich, so daß etwa ein Dieb wegen desselben Delikts im südlichen Bayern den Schaden wiedergutmachen und für ein paar Wochen ins Verlies muß, in Schwaben die rechte Hand verliert und in Sachsen gar gehängt wird.

Auch besteht kein Unterschied zwischen Zivil- und Strafrecht, und zur Klärung von schwierigen Sachverhalten dient eben die Folter. Zwar sind ihre Verfahren noch nicht gar so grausam ausgeklügelt, doch rasche Geständnisse lassen sich damit immer erreichen. Und zum anderen bleibt stets das »Gottesgericht«: Schuld oder Unschuld bestätigt Gott selbst, indem er den Schuldigen im Zweikampf unterliegen läßt. Oder die Unschuld ist erwiesen, wenn der Beklagte seine Hand in kochendes Wasser taucht, ohne sich dabei zu verbrühen. Oder, wenn er barfuß über glühende Kohlen geht, ohne sich zu verbrennen. Oder, wenn er rittlings auf eine messerscharfe Schneide gesetzt wird und danach wieder unbeschadet aufsteht.

Die Sitten sind hart im Rechtswesen dieser Zeit. Und schon vollends die Strafen. Je niedriger der Stand des Sünders, desto unnachsichtiger fallen sie aus. Leben und Tod liegen sehr nah beieinander. Da wird geköpft, gehängt, verbrannt, ertränkt, wird verstümmelt, ausgepeitscht, gebrandmarkt, und alles natürlich öffentlich, unter dem Gejohle der Menge, zur Abschreckung. Und für jedermann hat das durchaus seine Richtigkeit. Schließlich ist es so in der ganzen Welt, in den islamischen Staaten, im byzantinischen Reich, im ganzen Abendland. Und es war schon so unter den alten heidnischen Kaisern in Rom. Diese Ordnung entspricht dem Willen Gottes, sagt die Kirche. Und also ist sie gut.

Auch daß ein Herr über seine Untertanen selbst zu Gericht sitzt. Denn eine Trennung von politischer und richterlicher Gewalt gibt es gleichfalls nicht: Der kleinadelige Grundherr richtet über seine Abhängigen und Bauern, der Graf über die Kleinadeligen, die Fürsten über die Grafen, der König über die Fürsten, der König ist die oberste Instanz. Doch auch er kann sich noch absichern, indem er einen besonders schwierigen Fall dem Reichstag zur Entscheidung vorlegt. Während andererseits die Kläger und Beklagten fast immer die Möglichkeit haben, den nächsthöheren Richter anzurufen. Nur, so ganz ungefährlich ist das denn doch nicht – bestätigt dieser das Urteil nämlich, verschärft sich die Strafe empfindlich. Aber die meisten schreckt das dennoch nicht, ständig und überall wird nach dem König gerufen. Und da der Herrscher diese Unmenge der Fälle nicht alle persönlich entscheiden kann, gibt es in jeder Region einen Pfalzgrafen, der in Namen und Auftrag des Königs in letzter Instanz zu richten hat.

Es ist im Ganzen also ein recht einfaches System. Doch es arbeitet durchaus gut und gewährleistet eine an sich ordentliche Rechtsprechung. Etwas anders dagegen verhält es sich mit der Gerechtigkeit. Denn ihre Werte hängen ab vom Gesellschaftssystem, die Schwere der Vergehen nimmt ab von unten nach oben. Erschlägt etwa ein Bauer einen anderen Bauern, wird er eben gehängt. Stand der Erschlagene aber gesellschaftlich über ihm, muß er zuerst eine Tortur über sich ergehen lassen, ehe er sterben darf. Und je höher der andere über ihm angesiedelt war, desto qualvoller wird er vom Leben zum Tod gebracht. Begeht jedoch ein Mitglied des Hochadels eine Untat, hat sie nur Bedeutung, wenn das Opfer demselben Stand angehörte. Je weiter unten in der Gesellschaftspyramide es saß, desto unwichtiger ist die Sache. Und wenn es sich gar um einen Bauern handelte, spricht man weiter nicht mehr davon.

Das Bild von der Gerechtigkeit ist da wohl schon etwas schief. Und das macht dem König Friedrich Sorge. Nicht etwa, weil er, wie sein Ungroßvater Heinrich IV., sich auf die Seite der kleinen Leute schlagen möchte. Er ist mit der geltenden Pyramide ganz und gar einverstanden, legt größten Wert darauf, daß jedes Ding an seinem Platz ist und bleibt. Doch er braucht Ruhe und Sicherheit im Land. Und dafür muß jedes einzelne Glied in der Pyramide das Gefühl haben, daß es völlig im Recht geborgen ist. Nur so kann er den ganzen inneren Frieden sichern, kann er beim Bau des neuen Landes auf den vollen Einsatz aller zählen. Und also muß er das Bild der Gerechtigkeit rasch wieder geraderük- ken, neben anderem.

Sicher, die äußeren Formen des Rechtswesens, die Zustän- digkeiten der einzelnen Instanzen und auch die Strafarten, die kann und will er so lassen. Doch die einzelnen Regional- rechte müssen zusammengefaßt, müssen ein einheitliches Recht werden. Und die unterschiedliche Behandlung der De- linquenten je nach ihrer Standeszugehörigkeit darf in dieser Form gleichfalls nicht mehr andauern, sollte, wenn nicht beseitigt, so doch abgebaut werden. Und schließlich kann für das »Gottesurteil« in einer zuverlässigen und vernünfti- gen Rechtsprechung wohl kaum mehr Platz sein.

Natürlich wird es Mühe kosten, auf diesem Feld einen solchen Wandel durchzusetzen. Die Gewohnheitsrechte und der Glaube an das Gottesurteil sind tief im Volk verwurzelt und werden sicher lautstark verteidigt. Und wenn er dem Adel eröffnen wird, daß künftig zumindest in einigen Berei- chen für jedermann dasselbe Recht gelten soll, dann dürfte er sicher böse Stürme auslösen.

Dennoch hat er fest beschlossen, sich seinen großen Traum zu verwirklichen von einem einheitlichen, umfas- senden Königsrecht, das allen seinen Vorstellungen ent- spricht. Er wird lange brauchen dafür, gewiß. Doch einen ersten Schritt kann er jetzt schon darauf hin tun – eben mit dem Landfrieden.

Landfrieden

Der König läßt dieses »Gesetz zu einem allgemeinen Landfrieden« in Speyer verkünden, zum Abschluß seines Königsritts. Es hat die übliche Form eines Königsgesetzes, bindet alle und gilt überall im Reich. Es soll dem geschundenen Land über zunächst vier Jahre Frieden und Ruhe bringen. Jeder weiß, wie notwendig, wie lebensnotwendig das ist, nicht nur für das Volk, sondern inzwischen auch für die herrschende Schicht. Zu dieser Einsicht sind nach und nach selbst die verbissensten Kämpfer gekommen.

So läßt sich auch erklären, daß dieses Gesetz sogar vom Adel ohne Murren hingenommen wird. Denn es ist, genau besehen, schlicht revolutionär. König Friedrich hat nicht nur alle Maßnahmen, die er sofort ergreifen will, hineingepackt, er hat auch kurzerhand die Ungleichheit vor dem Gesetz wenigstens zum Teil aufgehoben: Er unterscheidet hier nicht mehr zwischen Freien und Unfreien, zwischen Herren und Leibeigenen, alle sind in diesem Gesetz nebeneinandergestellt. Allen droht bei Mord die Todesstrafe, allen der Verlust der rechten Hand, wenn sie zu Zeiten des Landfriedens jemanden verletzen. Gelingt einem Übeltäter die Flucht, soll seine bewegliche Habe unters Volk verteilt werden, seinen Landbesitz erhalten die Erben unter der Bedingung, daß sie den Friedensbrecher nicht unterstützen. Tun sie es trotzdem, verlieren auch sie den gesamten Besitz. Sogar Priester sollen vor Gericht gestellt werden, wenn sie einen solchen Friedensbrecher in ihr Haus aufnehmen. Und um die häufigsten Ursachen für den Ausbruch von Fehden auszuschalten, werden auch die Gefangennahme eines Gegners und selbst Schmähreden mit empfindlichen Strafen bedroht.

Doch der größte Teil des Gesetzes regelt Fragen aus dem wirtschaftlichen Bereich. Die Strafen für Diebstahl werden verschärft, wer den festgesetzten Getreidepreis überschreitet, muß Geldstrafen leisten, die auch einen Vermögenden ruinieren. Wegen der Unsicherheit auf den Straßen dürfen Händler und Kaufleute künftig Waffen tragen und sich von Bewaffneten begleiten lassen. Auch kann jeder Reisende zur Fütterung seiner Pferde soviel Getreide von den Feldern nehmen, wie er vom Weg aus mit der Hand zu ergreifen vermag. Und schließlich steht da noch die Anordnung, daß jedermann »aus Wald und Aue« so viel an Wild, Fischen und Früchten holen dürfe, wie er für seine Versorgung benötige: Die Bauern brauchen nicht mehr zu hungern.

Womit der neue König, gerade erst vier Monate im Amt, schon drei wesentliche Dinge erreichen konnte: den Frieden im Land, die Belebung des Handels und die Beendigung der Hungersnot.

Im übrigen hat Friedrich noch in Speyer Verhandlungen mit den Zisterziensern, dem Orden des heiligen Bernhard von Clairvaux, aufgenommen und ihnen jede Unterstützung bei Klostergründungen zugesagt. Den tüchtigen Mönchen nämlich traute er am ehesten zu, daß sie durch ihr Vorbild und durch direktes Einwirken imstande seien, zum einen die Landwirtschaft zu reformieren und die wichtigsten neuen Techniken allgemein durchzusetzen – und zum anderen Anregungen zu geben, die dann nach und nach zu einer Entfaltung des geistigen und kulturellen Lebens führen.

Vom Main nach Konstanz

Und nun soll auch in Würzburg im Oktober 1152 ein Reichstag entscheiden, ob Bayern bei den Babenbergern bleiben oder an Heinrich den Löwen fallen soll. Die Herren warten, aber der Babenberger kommt nicht, und die Angelegenheit muß vertagt werden.

Dafür jedoch treten Kläger aus Norditalien auf. Mailand sei dabei, die ganze Poebene zu unterjochen, leugne die Oberhoheit des Reiches und lehne sich auf gegen alles Recht und Gesetz. Kein Tag vergehe, an dem man nicht fremde Dörfer niederbrenne, Handelszüge anderer Städte überfalle und ausraube!

Und obwohl in Deutschland noch immer vieles im argen lag, konnte diese Entwicklung nicht länger geduldet werden: Für den Herbst 1154 wird ein Italienzug beschlossen.

Prächtige Festmähler und Turniere beschließen diese Tage, und als der König, von den Würzburgern stürmisch gefeiert, hinaus ins herbstliche Maintal reitet, zieht bereits eine Schar Diplomaten eilig nach Süden: Sie sollen die Zustände in Oberitalien klären, mit dem Papst Verhandlungen aufnehmen und die Kaiserkrönung vorbereiten.

In den nächsten Monaten kümmert sich der König vor allem um den Westteil des Reiches, um Lothringen, das Elsaß und um Burgund. Denn dort hat sich seit Heinrich III. kein Kaiser mehr sehen lassen, und das ist immerhin hundert Jahre her.

Zu den burgundischen Großen findet Friedrich schnell Kontakt, selbst zum Grafen von Mâcon. Seit ihn der letzte Freigraf von Burgund auf dem Sterbebett zum Vormund seiner kleinen Tochter und Erbin Beatrix bestellt hat, spielt sich dieser Graf gern als Oberherr hier im Land auf. Mit Klugheit und Liebenswürdigkeit gelingt es dem Staufer prompt, auch diesen Mann für sich zu gewinnen. Daneben schlichtet er auch da, ordnet, verteilt Belobigungen und Privilegien.

Viel Zeit freilich läßt er sich nicht: Er hat bereits den nächsten Reichstag nach Konstanz einberufen. Die süddeutschen Fürsten und zwei Legaten des Papstes sind schon versammelt. Nach der feierlichen Eröffnung aber kommt es zu einer erschütternden Szene. Die Gesandtschaft der italienischen Stadt Lodi erhebt bittere Vorwürfe gegen Mailand, berichtet von unglaublichen Übergriffen und Grausamkeiten und läßt zwei Männer hereinführen: der eine mit ausgestochenen Augen und abgeschnittener Nase, der andere mit abgehackten Händen. Die Mailänder hätten sie so zugerichtet »aus reinem Übermut«!

Der Reichstag ist empört, und Friedrich diktiert sofort ein Schreiben, in dem er in seinem Zorn von Mailand die strikte Einhaltung der Gesetze und die Erstattung aller angerichteten Schäden verlangt. Das Schreiben geht noch am selben Tag durch einen Kurier nach Mailand ab.

Aber es bewirkt nichts. Im Gegenteil, die Mailänder treten es mit Füßen und verprügeln den unglücklichen Boten.

Daneben freilich kommt zwischen dem König und den päpstlichen Legaten ein wichtiger Vertrag zustande: Der Papst verspricht Friedrich die Kaiserkrönung, Friedrich dem Papst Schutz vor den Normannen und Byzantinern und nach Möglichkeit die Rückkehr in die Stadt Rom –, denn die Römer haben den Heiligen Vater wieder einmal aus ihrer Stadt gejagt!

Man schüttelt sich die Hände: Der Staufer sieht die Kaiserkrönung gesichert, und der Papst weiß einen mächtigen Helfer neben sich gegen all die schlimmen Feinde, die den Stuhl Petri ringsum bedrohen.

Die Scheidung

Am nächsten Tag dann kommt der König auf einen weiteren Anlaß des Reichstags: Er teilt den Anwesenden mit, daß er sich auf Verlangen des Papstes von seiner bisherigen Gattin, Frau Adela von Vohburg, wegen zu naher Verwandtschaft scheiden lassen müsse.

Die Versammlung nimmt das recht unbewegt auf. Frau Adela ist kaum als Herzogin von Schwaben und schon gar nicht als Königin in Erscheinung getreten und die Ehe ohnehin kinderlos. Zudem weiß man, daß Friedrich die Trennung in Rom schon lange betreibt. Von einiger Bedeutung ist lediglich die Frage nach der Nachfolgerin. Und das scheint sich nicht so rasch zu entscheiden. Im übrigen sind Scheidungen in dieser Zeit keineswegs ungewöhnlich. Oft geht man zusammen und wieder auseinander ohne weiteren Aufwand und kirchlichen Segen. Der wird erst 400 Jahre später absolut verpflichtend. Und wer sich seiner Stellung wegen eine einfache Trennung nicht erlauben kann, sucht dann eben in Rom um eine Genehmigung nach, wobei das Argument der zu nahen Verwandtschaft das häufigste ist. Und bei den engen Verflechtungen unter dem europäischen Adel das einfachste.

Auch König Friedrich hat diese Begründung gewählt und dafür der päpstlichen Kanzlei eine Aufstellung seiner Vorfahren samt ihrer Querverbindungen geliefert: Es ist die einzige Nachricht über die Herkunft der Staufer, ziemlich lückenlos und von unschätzbarem Wert. Ein wahrer Glücksfall. Und sicher auch das einzig Aufregende an dieser Trennung, selbst, was deren Ursachen betrifft. Das

Paar hatte zu Beginn des Jahres 1147 geheiratet, als Friedrich Herzog von Schwaben wurde. Die Braut war 18, der Bräutigam allenfalls 25 Jahre alt. Nur wenige Wochen nach der Hochzeit brach der junge Ehemann dann mit dem Kreuzzug in den Orient auf und blieb für gut zwei Jahre so ziemlich verschollen. Im Oktober 1149 kehrte er zurück, trat von da an nur noch allein in der Öffentlichkeit auf und strengte die Scheidung an.

Die Verbindung hatte sich also wohl in dieser Zeit seiner Abwesenheit aufgelöst. Jedenfalls heiratete Frau Adela schon ein paar Monate nach der offiziellen Anullierung der Ehe den Ministerialen Dietho von Ravensburg. Er war zwei Jahre jünger und im Dienst des Herzogs von Schwaben: Für Adela von Vohburg zweifellos ein bemerkenswerter gesellschaftlicher Abstieg, vor allem im Vergleich zu ähnlichen Fällen in jenen Jahren. So rückte die geschiedene Gattin von Heinrich dem Löwen zur Königin von Dänemark auf, die geschiedene Königin von Frankreich wurde Königin von England – die vormalige deutsche Königin aber eben die Frau eines schwäbischen Kleinadeligen. Nun, jedenfalls sei es ihre ganz persönliche Entscheidung gewesen, berichten die Chroniken.

König Friedrich dagegen läßt gar nicht soviel später in Konstantinopel um die Prinzessin Maria Komnena werben, eine Nichte des byzantinischen Kaisers Manuel und eine gefeierte Schönheit. Zwar ist diese Auserwählte noch näher mit ihm verwandt als Frau Adela, doch angesichts der Möglichkeit, daß sich damit die beiden Kaiserhäuser verbinden könnten, stört dieser Umstand nicht weiter. Auch in Konstantinopel sieht man das so. Nur, daß dann plötzlich der Kaiser Manuel noch ein handfestes Geschäft machen will und für seine Zustimmung beträchtliche Territorien in Italien verlangt. Dieser Preis aber ist Friedrich wiederum doch zu hoch, und also erledigt sich die Sache. Denn eigentlich

denkt der Staufer bei einer erneuten Heirat eben eher an
einen Gebietsgewinn als an einen Gebietsverlust ...

Ein Sieg für den Löwen

Es ist der erste Reichstag, den der Staufer an diesen Pfingst-
tagen 1154 in Goslar, der Lieblingspfalz der Salierkaiser,
hält, und er hätte sich wahrhaftig einen freundlicheren Anlaß gewünscht: Aber die Bayernfrage duldet keinen Aufschub mehr. Und da alle seine Bemühungen um eine gütli-
che Regelung erfolglos geblieben sind, da weder der Löwe
noch der Babenberger auch nur einen Schritt nachgegeben
haben, muß nun eben die Gesamtheit der Fürsten entscheiden.

Sie haben sich in erfreulich großer Zahl eingefunden, die
stolzen Herren. Aber der Babenberger läßt sich wiederum
nicht sehen. Da sind sie es endgültig leid und sprechen dem
Löwen nun neben Sachsen auch Bayern zu. Der Babenberger solle sich wieder auf seine Mark Österreich zurückzie-
hen.

Der Löwe strahlt. Aber er übersieht, daß das Urteil nur so
ausgefallen ist, weil die Fürsten endlich ihre Ruhe haben
wollten. Ihr Mißtrauen und ihre Abneigung ihm gegenüber
nämlich sind womöglich noch größer geworden.

Und als der König Anfang Oktober nach Augsburg
kommt, wo sich das Heer zum Abmarsch nach Italien ver-

sammeln soll, zählt er kaum zweitausend Mann. Eine ganze Reihe wichtiger Fürsten läßt sich entschuldigen. Man will mit dem Löwen nichts zu tun haben!

Freilich kann Friedrich hoffen, von den treuen italienischen Städten Zuzug zu bekommen. Aber so manchem erscheint dieser Auftakt als kein gutes Omen.

Il Barbarossa

Es wird sicherlich seinen Grund gehabt haben, daß das Unternehmen erst jetzt begann, denn für einen Alpenübergang war das Jahr schon sehr fortgeschritten. Auch wenn man unten im Inntal noch recht gut vorankam, der Anstieg zum Brenner wurde von Meile zu Meile unangenehmer. Nebel, Kälte, Nieselregen und oben auf der Paßhöhe gar ein eisiger Schneesturm, in dem die Kleider zu Eis werden.

Oft sah man keinen Steinwurf weit – und das bei diesem Weg! Denn von der Straße, die die Römer vor gut 1000 Jahren hier einmal angelegt hatten, war nach unzähligen Erdrutschen und Steinschlägen nicht mehr viel übriggeblieben. Trotz laufender Ausbesserungen durch Händler und für einstige Heerzüge wand sich auf weite Strecken nur ein breiterer Saumpfad durch das Geröll.

Nur langsam kamen sie vorwärts: 2000 Ritter, ebenso viele Pferde, dazu Knappen, Knechte und Tragtiere. Und wenn sie, als der Schneesturm allmählich nachließ, auch

Blick auf die Kaiserpfalz in Goslar.

merkten, daß es wieder bergab ging – Kälte und Nebel blieben.

Aber vor Brixen besserte sich das Wetter doch, und die Sonne brach durch. Auch die Stimmung schlug um. Denn von allen Seiten kamen die Bauern – schließlich war das immer noch bayerischer Boden –, brachten Nahrungsmittel und Futter für die Tiere, eilten ihnen all die vielen Kleinadeligen entgegen, um dem König zu huldigen.

Hunger

Es hätte alles nicht besser sein können! Aber dann kamen sie hinter Trient auf Veroneser Gebiet. Plötzlich stand niemand mehr am Weg, die Dörfer lagen ausgestorben da, von weitem konnte man sehen, wie die Menschen in die Berge flohen. Und ein Bursche, der hatte eingefangen werden können, erklärte auch warum: Die von Mailand und Piacenza hätten gedroht, jedes Dorf niederzubrennen, das dem Herrn helfe! »Sie werden es tun, Ihr Herren!« jammerte er. »Sie werden es tun, sobald Ihr wieder fort seid. Sie haben schon so viel Schlimmes angerichtet!«

Friedrich war sprachlos. Daß diese aufsässige Bagage so weit gehen würde, damit hatte er wirklich nicht gerechnet. Welche Heimtücke! Schließlich war es Recht und Brauch, daß ein Königsheer von jenen Landstrichen des Reiches versorgt wurde, durch das es zog.

Nun saß er also hier und konnte seinen Leuten nichts zu essen geben. Ein paar Tage hielt er sie noch hin, aber als er dann in der letzten Oktoberwoche am Südende des Gardasees lagern ließ, war der Hunger bereits so groß, daß die Disziplin im Heer brüchig wurde. Plünderungen ließen sich einfach nicht mehr vermeiden: Offenbar wurden ganze Dörfer ausgeräumt!

Das strahlende Bild des neuen Königs erhielt die ersten schwarzen Flecken ...

Stadtstaaten

Zum Glück trafen nun die Gesandtschaften von Lodi und Pavia ein, durch deren Hilfe wenigstens die ärgste Not behoben werden konnte. Sie baten Friedrich, möglichst bald einen Reichstag einzuberufen und Gericht zu halten, damit die Dinge in Italien endlich wieder ins Lot gerieten.

Nichts wäre dem König willkommener gewesen! Zuerst aber wollte er sich einen Überblick verschaffen, und so zog er langsam und beobachtend, hier fragend und dort prüfend, einen ganzen Monat lang quer durch die Poebene. Die befreundeten Städte sorgten für den Unterhalt.

Schließlich richtete er sich auf den Ronkalischen Feldern vor Piacenza ein, dem traditionellen Ort der königlichen Reichstage. Er hatte für den 5. Dezember dorthin geladen.

Was er aber auf seiner Reise durch das Land sah und hörte, verwirrte ihn sehr. Zu Hause in Deutschland saß der Herr, Graf oder Ritter oben auf seiner Burg, und unter ihm drängten sich die Dörfer. Auch mit den Städten war es nicht anders: Sie gehorchten ihrem Stadtherrn, meist einem Bischof, der gleichfalls – wie in Würzburg oder Freising – von einer Burg aus das Ganze beherrschte.

Hier in Italien aber hatte sich gerade in den letzten Jahrzehnten eine unglaubliche Veränderung ergeben: Die Städte waren durch Handel und Gewerbe vermögend geworden, und es hatte sich eine mächtige Schicht reicher Bürger gebildet. Im Zuge dieser Entwicklung war nicht nur die Macht der Stadtherren gebrochen worden, sondern auch der Adel ringsum hatte mehr oder weniger freiwillig die Burgen verlassen und war in die Stadt gezogen.

Zusammen mit den reichen Bürgern bildeten diese Adeligen das »Patriziat«, aus dem der »Rat« gewählt wurde. Und dieser Rat bestimmte Konsuln, die zusammen mit ihm die Geschicke der Stadt für einen begrenzten Zeitraum leiteten.

Nun hatte ein Adeliger mit dem Umzug in die Stadt auch sein ganzes Gebiet eingebracht: Wirtschaftlich durfte er es weiter nutzen, die politische Verwaltung mit allen Rechten aber übernahm die Stadt. So hatte sich eine ganze Anzahl von Stadtstaaten gebildet, die nicht von einem Herrn und Fürsten, sondern von vielen gemeinsam, eben dem Patriziat regiert wurden. Sie waren so selbständig, daß sie von den Steuern, die ihre Bürger zahlten, Heere halten und sich so gegenseitig Ländereien abjagen konnten. Zwar trieb es Mailand am ärgsten, doch auch die anderen waren nicht gerade zimperlich. Überall tobten Kriege, gab es Streitigkeiten, die vor allem auf dem Rücken der Bauern ausgetragen wurden. Fast immer wurden nur sie gefoltert und erschlagen, ihre Ernten vernichtet, ihre Dörfer niedergebrannt.

Der König hatte hier kaum noch etwa zu sagen. Denn da sich die letzten Kaiser um dieses Land fast nicht mehr hatten kümmern können, waren alle königlichen Rechte – von der Gerichtsbarkeit, dem Münzrecht bis zu den Zolleinnahmen – stillschweigend den Städten zugefallen!

Was aber, wenn sich diese Stadtstaaten auch noch zusammenschlossen und ihre Heere, statt sie aufeinanderzuhetzen, gegen das Reich stellten? Wenn sie das ganze Land für unabhängig erklärten?

Friedrich erkannte die Gefahr, er mußte handeln. Er konnte nicht zulassen, daß sich zwischen den Reichsteil Deutschland-Burgund und Rom ein Gebiet schob, das sich nicht mehr zum Reich zählte, sondern ihm sogar feindlich gegenüberstand. Seine Pflicht war es, die Einheit des Abendlandes im Sinne Karls des Großen wiederherzustellen, aber die Entwicklungen hier gefährdeten dieses Konzept, und wahrscheinlich waren sie ihm sogar unverständlich. Denn hier standen sich zwei Welten gegenüber, und er fand keine Lösung. Die Gefahren sah er wohl, doch er wußte nicht, wie er ihnen begegnen sollte. Noch nicht.

Ein erster Versuch

Zunächst war es wohl angebracht, die zahllosen Kleinkriege zu dämpfen und wenigstens in etwa die Ruhe zu sichern. Die Königsrechte wiederherzustellen, das brauchte Zeit.

Und so hörte sich der Staufer auf diesem ersten Reichstag in Italien all die Klagen an, richtete, klärte und konnte doch einiges beruhigen.

Er hatte sich inzwischen daran gewöhnt, daß anstelle von Herzögen, Markgrafen und Bischöfen gewählte Konsuln vor ihn traten. Immerhin, fast alle wichtigen waren gekommen, selbst die Mailänder. Sie stellten sogar ein goldenes Becken vor den Thron, gefüllt mit Geld. Als ob man ihn bestechen könnte!

Und immer und immer wieder lauteten die Klagen: Mailand hat dies getan und jenes verbrochen, Mailand und seine Freunde!

Aber die Mailänder verstanden sich so geschickt zu verteidigen, daß der König keine Möglichkeit sah, ihnen hier und jetzt schon konkret etwas Schwerwiegendes nachzuweisen. Es mußten wohl zuerst langwierige Nachforschungen durchgeführt, Gutachten erstellt werden, ehe er aus diesem Wust von Verdrehungen und Halbwahrheiten das Tatsächliche herausfiltern konnte. Ohne einen solchen Hintergrund ließ sich kein Urteil finden. Erstmals war er zutiefst verunsichert, fühlte, daß ihn all dies Neue überforderte, seine gewohnten Mittel da nicht griffen.

Er wäre gut beraten gewesen, wenn er jetzt zunächst sich alles angehört, alle Varianten ausgelotet, die Entscheidungen aber auf später vertagt hätte. So wäre ein ungestörter Zug nach Rom möglich gewesen, dort dann die Kaiserkrönung, danach der erwartete Sieg über die Normannen – und der Einzug in Neapel, vielleicht gar in Palermo. Und auf dem Rückweg hätte er bei den Lombarden schließlich die vertagten Angelegenheiten wieder weiterführen können. Nur dann eben mit der Autorität des Erfolgs im Süden und wohlinformiert und vorbereitet. Seine ganze Italienpolitik wäre damit wohl anders verlaufen. Völlig anders.

Doch er entschied nicht so. In seiner Unsicherheit meinte er, seine Stärke zeigen, unbedingt Exempel statuieren zu müssen. Gegen Mailand, das sah er ein, ließ sich im Augenblick nichts unternehmen. Aber die Kaiserfreundlichen jam-

merten ja auch über andere Städte, die sich unglaublich auf-
führten. Vielleicht konnte er dort einigen Hochmut brechen
und Mailand so mittelbar treffen. Asti und Chrieri zum Beispiel, sie schienen wirklich die ärgsten zu sein. Und da beide zudem nicht einmal auf den Reichstag gekommen waren,
lud er sie nun also energisch vor Gericht – einmal,
zweimal. Doch sie erschienen einfach nicht.

Und nun war genau jene Situation da, die Friedrich gefürchtet hatte: Seine Autorität stand auf dem Spiel. Jetzt
mußte er nach dem Gesetz handeln und über beide Städte
die Reichsacht verhängen. Die Reichsacht aber über ein Gemeinwesen zu verhängen, das hieß, daß dieses Gemeinwesen fortan aus dem Reichsverband ausgeschlossen war, alle
Rechte und allen Schutz verlor – und ausgemerzt werden
mußte. Theoretisch hätte er ja nun jemanden, eine Gruppe
anderer Städte etwa, mit diesem Vollzug der Acht beauftra-
gen können. Doch auch das durfte er sich nicht mehr
leisten. Diese Sache mußte er selbst und mit aller Konse-
quenz durchführen. Jetzt konnte auch der kleinste Anschein
von Schwäche oder Nachgiebigkeit gefährlich werden.

Also zog er mit seiner ganzen Heeresmacht vor die beiden
Städte und erzwang die bedingungslose Übergabe, vertrieb
die Einwohner und machte alles dem Erdboden gleich.

Ihm blieb kein anderer Ausweg. Und es hätte sein Ansehen vielleicht letztlich sogar gefestigt, wäre es nur dabei
geblieben, wäre er von da an als der gerechte, weise und
zuweilen nachsichtige Richter und Ordner aufgetreten.
Doch was nun folgte, wird immer unverständlich bleiben.
Die Bürger von Pavia klagten plötzlich. Tortona, eine
kleine Stadt auf halber Strecke zwischen Genua und Pavia,
sei noch schlimmer als die beiden zerstörten Orte. Und sie
häuften einen solchen Berg von Beschuldigungen und
scheinbaren Beweisen auf, daß Friedrich über Tortona
gleichfalls die Acht aussprach. Ohne Gerichtsverhandlung,

ohne den Beschuldigten Gelegenheit zu geben, sich zu äußern, ohne überhaupt die Vorwürfe, die Echtheit der Bewei-
se zu prüfen. Er, der immer so auf Recht und Gerechtigkeit
hielt, marschierte einfach auf die Stadt los.

Sie wehrte sich verzweifelt, doch die Unterstadt fiel bald
und war auch gleich nur noch ein Trümmerhaufen. Die Bürger aber flohen in die winzige Burg, die oben uneinnehmbar
auf einer Felsnase lag: Volle zwei Monate dauerte die Belagerung dieses Felsennestes, wurde grausamer von Tag zu
Tag und forderte entsetzliche Verluste auf beiden Seiten.
Als die Eingeschlossenen schließlich aufgaben, ließ sie der
König dann zwar ehrenvoll abziehen, doch der Schaden,
den er sich und seiner Sache mit dieser sinnlosen Aktion
zugefügt hatte, war unübersehbar. Friedrich von Hohenstaufen hatte sich bei den Lombarden als Gewaltherrscher einge-
führt.

Il Re Barbarossa

In Pavia freilich freut man sich mächtig über den Sieg. Niemals zuvor ist Friedrich so empfangen, so umjubelt, so mit
Blumen überschüttet worden. Und als er sich am 17. April
1155 im Dom die Eiserne Krone der Langobarden aufsetzt
und damit zum König von Italien krönt, will die Begeisterung kein Ende nehmen.

Die Zuneigung der Menschen ist durchaus echt gewesen.

Denn in seinem Äußeren liegt den Italienern dieser Herrscher sehr. Er ist kein urzeitlicher Recke, eher mittelgroß, schlank und geschmeidig, er bewegt sich elegant und anmutig; auch wenn er meist ernst und gesammelt wirkt, so strahlt er doch stets eine gewinnende, heitere Gelassenheit aus. Sein Gesicht ist ebenmäßig: große, forschende Augen, eine schmale, gerade Nase, ein kleiner, fein gezeichneter Mund und kurzes, blondes Haar, das in leichten Locken in die Stirn fällt.

Pomp stört ihn, aber er legt Wert auf eine gepflegte und kultivierte Umgebung; seine Kleidung überrascht immer wieder durch ihre unaufdringliche Eleganz.

Doch am beeindruckendsten für die Italiener ist der kurze, rötliche Bart, der das Gesicht umrahmt. Und sofort haben sie einen Namen für diesen Mann aus dem Norden: »Il Barbarossa« – der Rotbart! Bald nennen ihn alle so, jene, die ihn hassen, jene, die ihn verehren. Und nach seiner Krönung im Dom zu Pavia ist er eben nicht »Re Federico«, König Friedrich, sondern der »Re Barbarossa«.

Er hört das nicht ungern, denn er meint, damit nun doch einen Schlüssel zu diesem Volk gefunden zu haben. Weshalb ihm auch das Gespräch mit den Herren Martinus und Bulgarus, den berühmtesten Professoren der Universität Bologna, ganz besonders wichtig ist: Sie erläutern ihm das Gebäude des römischen Rechts, das jetzt allmählich wieder aus der Vergessenheit geholt wird. Und Friedrich erkennt, daß sich aus dieser überragenden Rechtsform eine wichtige Klammer schmieden läßt für das ganze Reich.

Der Steigbügeldienst

Wie notwendig eine solche Klammer war, sah er auf seinem Weiterritt nach Rom. Italien kuschte zwar und gab sich beflissen, aber letztlich stand dahinter nur Angst. Und darauf konnte er nicht bauen.

Als sich der Heerzug durch die blühenden Täler Umbriens wand, meldeten plötzlich atemlose Boten, der Papst ziehe dem König entgegen. Der Papst – das war nun freilich nicht mehr der alte Papst Anastasius IV., sondern schon dessen Nachfolger Hadrian IV., ein höchst selbstbewußter Herr aus England, der nur allzugern an die päpstlichen Weltherrschaftsträume von Gregor VII. angeknüpft hätte.

Allerdings schien er diesem Ziel nicht sehr nahe zu sein, denn weder aus väterlicher Freude noch gar aus Respekt kam er dem König entgegen: Die Römer hatten ihn wie schon so manchen seiner Vorgänger einfach aus der Stadt geworfen.

In Sutri trafen die beiden Herren zusammen. Aber wer glaubte, einen von Gram gebeugten Kirchenvater zu sehen, mußte ganz schnell umdenken. Der Papst blieb auf seinem Pferd sitzen und forderte von Friedrich den Marschalldienst: Der König müsse das päpstliche Pferd eine Strecke führen und dann dem Heiligen Vater beim Absteigen den Steigbügel halten!

Friedrich weigerte sich empört, der Papst zog sich beleidigt zurück, und erst als neben vielen anderen auch Kardinäle dem stolzen Staufer versichert hatten, daß dies nur ein alter Brauch und eine Ehrbezeugung für den obersten Priester, auf keinen Fall aber eine Anerkennung der päpstlichen Oberhoheit sei, legte sich die Aufregung.

Friedrich leistete den Marschalldienst, der Papst gab ihm gerührt den Friedenskuß, und am nächsten Tag zog man vereint und versöhnt gegen Rom.

Kaiser Friedrich

Schon sieht man die Stadt fern in der Talmulde glänzen, da taucht aus einer gewaltigen Staubwolke eine Reiterschar auf, hält direkt vor dem König und verlangt, ihn zu sprechen: Sie seien eine Delegation des republikanischen und gewählten Senats von Rom und hätten die Aufgabe mitzuteilen, daß ihr Volk bereit sei, ihm die Kaiserkrone zu verleihen. Allerdings müsse er zuvor der Stadt Rom mehrere Rechte bestätigen und 5000 Pfund Gold bezahlen. Immerhin 50 Zentner!

Friedrich wird blaß vor Zorn, vor allem auch deshalb, weil diese Leute sich anmaßen, die heilige Krone tatsächlich gegen Geld zu verkaufen! Mit unbewegtem Gesicht weist er an, den Herren folgendes mitzuteilen: Durch Karl den Großen und Otto den Großen seien Macht und Würde des Römischen Reiches an den deutschen König übergegangen, die Kaiserkrone stehe ihm daher als Erbe zu. Hier habe niemand etwas zu verleihen.

Dann läßt er weiterreiten, und die römische Delegation verschwindet wieder in einer Staubwolke. Daß aber diese Antwort auch dem Papst gegolten hat, ist zumindest einigen Kardinälen aufgefallen.

Die Tore von Rom sind jetzt natürlich zu, und der König samt dem Papst müssen fürs erste vor den Mauern auf dem Monte Mario ein Lager aufschlagen. Man berät, setzt Einzelheiten fest. Und dann kommt der 18. Juni 1155.

Es ist kurz nach Mitternacht, Dunkelheit liegt über dem Land. Vom Monte Mario her hört man Pferdegetrappel, Klirren von Waffen und Rüstungen, leise Zurufe: An die tausend deutsche Ritter und Knappen ziehen auf die Leostadt zu! Die Leostadt, das ist jener Teil Roms am Tiber, der vor allem die Engelsburg und die Peterskirche umfaßt und um den sich eine so starke Mauer zieht, daß man sich von der restlichen Stadt her nur mit Gewalt, mit Schwert und Rammbock, Zutritt verschaffen kann.

Aber in dieser Nacht braucht es das nicht! Eine kleine Seitenpforte steht offen, die Deutschen schlüpfen hinein, vorsichtig und jeden Lärm vermeidend, verteilen sich und besetzen alle wichtigen Punkte. Sämtliche Zugänge bleiben geschlossen. Noch immer ist es still. Dann, als der Morgen graut, nähert sich vom Lager her rasch ein kleiner Reitertrupp, eilig wird ein Landtor aufgestoßen, die Wachen verneigen sich unbeholfen: Der Papst mit seinen Kardinälen stürmt vorbei.

Kaum eine Stunde später knarren die Torflügel ein zweites Mal: Der König mit den Fürsten reitet ein. Aber noch während er auf dem Weg zur Peterskirche ist, wird das Tor schon wieder fest verschlossen und gesichert.

Vor der Basilika halten die Herren an, sitzen ab, langsam geht der Staufer durch die Vorhalle, schreitet die Stufen hinauf zum Hauptportal. Dort wartet der Papst, umgeben von den Großen der Kirche.

Friedrich kniet nieder und spricht das alte Gelöbnis der Kaiser: »Ich verspreche und gelobe vor Gott und dem heiligen Petrus, daß ich ein Schutzherr und Verteidiger der römischen Kirche in all ihren Angelegenheiten nach meinem be-

Die Goldbullen von Friedrich I. an einer Urkunde vom 26. Juni 1168. Auf der Rückseite die Stadt Rom.

sten Wissen und Vermögen unter Gottes Beistand sein werde!«

Dann führt ihn der Papst ins Innere zum Grab des heiligen
Petrus, wo er ihn salbt und segnet und ihm, umrahmt von
festlichen Zeremonien, die Zeichen der kaiserlichen Würde – Schwert, Zepter und Krone – überreicht.

Friedrich, Kaiser des Imperium Romanum!

Tosender Jubel der Fürsten und Ritter erfüllt die riesige
Kirche. Und als der neue Kaiser gegen Mittag in einem glänzenden Zug von der Petersbasilika wieder hinaus zum Monte Mario reitet, jubeln auch die Bewohner der Leostadt –
was freilich für sie das einzig Kluge ist.

Heinrich, das danke ich dir

Aber der Kaiser ist noch nicht im Lager angekommen, da
bricht unten in der Stadt die Hölle los. »E coronato, il Barbarossa è coronato!« – »Er ist gekrönt, der Rotbart ist gekrönt!« so gellt es durch alle Gassen Roms. Eine rasende
Menge tobt über die Engelsbrücke und von Trastevere her
gegen die Leostadt, die Tore bersten, der Mob bricht herein,
wirft Brände, mißhandelt, erschlägt, was sich entgegen-
stellt – ob Wache, Mönch oder Kardinal!

Friedrich stürmt zurück, die Meute fällt ihn an, und es
kommt zu einer blutigen Straßenschlacht, bei der an die 800
Römer umgekommen sein sollen. So erbittert ist der

Kampf, daß sich der Kaiser nur noch durch die Hilfe Heinrichs des Löwen befreien kann.

Und als Heinrich am Abend, nachdem sich das Wüten endlich gelegt hat, mit einer blutigen Stirnwunde zu ihm ins Zelt tritt, tupft Friedrich ihm eigenhändig das Blut vom Gesicht und sagt leise: »Heinrich, das danke ich dir«.

In diesem Augenblick begann eine Freundschaft, die fast zwei Jahrzehnte währte.

Ein Nein der Fürsten

Gleich am nächsten Tag zogen Kaiser und Papst nach Tivoli, wo dann doch noch das festliche Krönungsmahl stattfinden konnte. Hier hatte der Papst Gelegenheit, Friedrich zu beschwören, möglichst bald nach Süden gegen die Normannen zu ziehen. Deren Herrschaft sei schwer angeschlagen, in Apulien tobe ein Aufstand, und der Griechenkaiser stelle für den Fall eines Eingreifens Schiffe, Truppen und Geld zur Verfügung.

Der Kaiser wollte sofort zusagen, auch seine geistlichen Fürsten stimmten dafür, aber die weltlichen sagten nein. Ihre Männer seien durch Tortona und den Krönungstag erschöpft. Außerdem kämen jetzt die heißesten Wochen des Jahres. Der Papst wurde merklich reservierter und Friedrich höchst ungehalten. Aber umzustimmen waren die Fürsten nicht, sie blieben bei ihrer Entscheidung.

Voll Zorn mußte sich Barbarossa fügen. Und da das Jahr, für das sich die Fürsten zur Heeresfolge verpflichtet hatten, fast abgelaufen war, entließ er die Truppen, behielt nur ein kleines Kontingent und ein Gefolge von wenigen Freunden. Heinrich war darunter und der Pfalzgraf Otto von Wittelsbach.

Verona

Langsam zieht der Kaiser nach Norden. Er ist erbittert. Wie kann er Großes wagen, wenn er so völlig abhängig von anderen ist? Selbst wenn alle mithelfen und ihm ein Erfolg gelingt: Wie kann er das Erreichte sichern, wenn er seine Truppen nach einem Jahr wieder nach Hause schicken muß?

Endlich ist Verona in Sicht. Man hat ihn gewarnt, in die Stadt zu reiten. Vielmehr solle er auf dem alten Recht bestehen, wonach die Veroneser verpflichtet seine, dem Kaiser auf Verlangen eine Notbrücke über die Etsch zu schlagen.

Die Brücke wird gebaut. Doch gerade als die größte Schar seiner Leute darüberzieht, sieht er in dem reißenden Wasser gewaltige Baumstämme auf die hölzernen Pfeiler zuschießen. Hastig stürzen die Kaiserlichen hinüber, während hinter ihnen plötzlich Veroneser auftauche, die offenbar nichts Gutes im Schilde führen. Der letzte Kaiserliche springt ans rettende Ufer, die Verfolger sind mitten auf der Brücke …

Da krachen die Stämme gegen das Gerüst, es wankt, berstend reißt es alles, was darauf ist, mit in den Fluß. Die von Verona sind in die eigene Falle gegangen.

Doch damit nicht genug! Ein paar Meilen weiter in der Berner Klause, wo zwischen Felsen und Fluß kaum drei Schritte Raum bleibt für die Straße, donnern plötzlich Geröll und Felsbrocken herunter: Herr Alberich aus Verona – in der Burg gleich über der Klause – verlangt vom Kaiser Kopfgeld! Doch obwohl die Burg fast uneinnehmbar liegt, schafft es Otto von Wittelsbach, mit ein paar Leuten einzudringen und Herrn Alberich die Arme auf den Rücken zu drehen. Ein Teil der Burgbesatzung wimmert um Gnade, andere stürzen sich in die Tiefe. Der wackere Herr Alberich hängt bereits eine Viertelstunde später aufgeknüpft an seinem eigenen Bergfried.

Welch ein Kaiserzug! Aber endlich wird es ruhiger. Man kommt wieder ins Bayrische, über den Brenner und in der letzten Oktoberwoche 1155 sind sie wieder in Augsburg, genau ein Jahr nach dem Abmarsch. Augsburg feiert, aber der Kaiser ist schweigsam. Was hat der Zug gebracht, was hat er erreicht? Nun ja, er trägt die Kaiserkrone. Aber sonst? Unten in Italien ist eigentlich alles beim alten. Die Zusammenarbeit mit den Fürsten läßt erkennen, daß sie keine festen Säulen für seine Macht sind. Die Römer und halb Italien verfolgen ihn mit Haß, der Papst ist verärgert, ebenso der Kaiser Manuel in Konstantinopel. Das Reich, angeblich Schutzmacht der Kirche und Ordnungskraft des Abendlandes, hat einen bösen Eindruck hinterlassen.

Es wird sehr, sehr schwierig sein, das Geschehene wieder auszugleichen. Zumal er jetzt noch weniger weiß, wie er erreichen kann, was er erreichen muß: Die »Renovatio Imperii«, die vollständige Wiederherstellung der alten Reichs- und Kaisergewalt auf der einen Seite, und auf der anderen Seite den dauerhaften Ausgleich mit dem Papsttum und einen wirklichen, fruchtbaren Frieden in Italien.

Kaiserglanz und Kirchenstreit

Augsburg, Regensburg, Würzburg, Köln, Konstanz, Trifels, Worms – und das alles zwischen Anfang November und Weihnachten! Meist waren es nur Kleinigkeiten, aber in Worms wurde es ernst. Der Pfalzgraf und zehn Grafen standen wegen Landfriedensbruch vor Gericht. Der kaiserliche Spruch wies ihnen die schimpflichste aller Strafen zu: Jeder einzelne mußte barfuß unter dem Hohn des Volkes einen räudigen Hund eine Meile weit auf den Schultern tragen! Und die hohen Herren nahmen die Strafe ohne Widerrede auf sich. So sehr hatte sich die Autorität Friedrichs bereits gefestigt.

Sie schien sich sogar schon in Italien durchzusetzen, denn in jenen Wochen kam doch wahrhaftig eine Gesandtschaft von Verona herauf, die den Kaiser demütig um Verzeihung bat für das, was ihm vor den Toren ihrer Stadt widerfahren war! Es sei die Bosheit einiger weniger gewesen, und niemand sonst habe davon gewußt. Barbarossa ließ es gut sein, und die Herren zogen erleichtert ab. Sollte sich dort unten doch noch alles zum Guten wenden? Er wagte es nicht zu hoffen.

Beatrix

Inzwischen drängten ihn seine Berater immer häufiger, sich doch wieder zu verheiraten. Und wie zufällig machte ihn gleich nach der Rückkehr aus Italien seine Schwester Bertha, die Herzogin von Lothringen, behutsam auf ihre Nichte aufmerksam: Beatrix, Erbin der Freigrafschaft Burgund. Das Kind sei zwar erst elf Jahre alt und damit über zwanzig Jahre jünger als er, doch lasse sich dieser Unterschied sicher ausgleichen. Bei der Mutter, der Gräfin Agathe von Burgund-Lothringen, könne sie sich gerne selbst verwenden, sie seien ja schließlich Schwägerinnen. Und auch der Graf von Mâcon werde sicher zu gewinnen sein – er habe seit 1148, seit dem Tod des Vaters von Beatrix, des Grafen Rainald III., ja die Vormundschaft und somit das entscheidende Wort. Wenn man nur geschickt seiner Eitelkeit schmeichle, könne man bei ihm eigentlich alles erreichen. Zudem sei das Mädchen sehr hübsch, äußerst liebenswert und sorgsam erzogen, wie dafür geschaffen, die Erste Dame des Reiches zu werden ...

Frau Bertha hatte den Bruder überzeugt. Schon ein paar Wochen später, zu Beginn des Januars 1156, saß er mit dem Bischof von Besançon zusammen und bat ihn, die Werbung beim Grafen von Mâcon vorzubringen und sich auch mit den übrigen Großen in Burgund abzustimmen, da ja das Land nun durch diese Heirat letztlich an ihn fallen werde.

Und während Friedrich weiter von Pfalz zu Pfalz eilte und sein Erneuerungsprogramm vorantrieb, erwies sich der Bischof als ausgezeichneter Diplomat. Bald konnte er berichten, daß der Graf von Mâcon die kaiserliche Brautwerbung als hohe Ehre für sein Mündel betrachte und gerne seine Zustimmung gebe und daß auch alle burgundischen Fürsten das Projekt »mit freudigem Herzen begrüßen«.

Also brach schon in der letzten Maiwoche ein prächtiger Zug von Besançon nach Norden auf: Der Graf von Mâcon und die Höchsten des burgundischen Adels führten Braut und Brautmutter durch das Elsaß nach Worms. Dort kam ihnen der Kaiser entgegen und geleitete sie in den Dom, wo der Kölner Erzbischof Beatrix zur Königin der Deutschen krönte. Und der Weg dann nach Mainz, über den Rhein, durch Frankfurt nach Würzburg geriet zu einem wahren Triumphzug, immer mehr Gesandtschaften und große Herren schlossen sich an, sie kamen aus allen Himmelsrichtungen.

Und als sie dann endlich in Würzburg einzogen, kannte der Jubel keine Grenzen mehr – der Kaiser des Abendlandes feierte sein Hochzeitsfest, und er feierte es in dieser Stadt am Main, mit aller Pracht, die sich denken ließ. Und als das kaiserliche Brautpaar im Kiliansdom vor den Bischof trat, waren alle Mächtigen des Reiches versammelt, aus Rom und Hamburg, aus Pavia und Prag, aus Arles, Lyon, Verdun und Lüttich, alle großen und kleinen Fürsten, Delegationen aus dem ganzen Abendland, in der Kaiserpfalz stapelten sich Glückwünsche und Geschenke, und die englische Abordnung brachte gleich soviel mit, daß selbst der Herr Friedrich überrascht war.

Sechs Tage, vom 10. bis zum 16. Juni 1156 dauerte das Fest. Und es prägte sich dem ganzen Land am Main so sehr ein, daß noch genau 600 Jahre später ein Würzburger Bischof diese legendäre Hochzeit von dem Malergenie Giovanni Battista Tiepolo im Kaisersaal der Würzburger Barockresidenz darstellen ließ.

Friedrich Barbarossa hatte geheiratet. Burgund, wie Spötter sagten – seine Liebe, wie wir heute wissen. Denn diese Ehe mit Beatrix war dreißig Jahre bis zum Tod der Kaiserin glücklich, getragen von gegenseitiger Hochachtung, von Verständnis und tiefer Zuneigung. Nicht nur bei allen großen Anlässen, sondern oft auch bei vertraulichen Beratungen saß Beatrix an der Seite des Kaisers. Und am Hof war sie der Mittelpunkt.

Einen »Weiberknecht« schimpften ihn seine Neider, doch was scherte das den Kaiser Friedrich. Er liebte seine schöne, kluge Frau – und das nicht nur, weil sie zwölf Kinder gebar.

Vertragsbruch

Aber noch während die Gäste in Würzburg feierten, zogen sich über Italien finstere Wolken zusammen. Seit dem Abmarsch der Deutschen saß der Papst verärgert in Sutri und haderte mit der Welt. Nichts war bei dieser Kaiserkrönung für ihn herausgekommen: Weder hatte der Staufer die Stadt Rom unterwerfen noch etwas gegen die Normannen tun können. Und wenn deren König Roger nicht glücklicherweise unverhofft gestorben wäre, wer weiß, ob der Nachfolger Petri überhaupt noch auf seinem Stuhl säße! Auch wenn es jetzt unter dem neuen König etwas ruhiger war, stündlich mußte man damit rechnen, daß diese Schonfrist zu Ende ging.

Als deshalb der Normannenherrscher Wilhelm I. anfragen ließ, ob der Papst nicht Frieden schließen und ihn als König beider Sizilien bestätigen wolle, griff Hadrian mit beiden Händen zu. Als Gegenleistung wollte Wilhelm den Heiligen Vater wieder nach Rom führen.

Schon nach kurzen Verhandlungen fuhr der Papst – was kümmerte ihn der Konstanzer Vertrag! – nach Benevent, verlieh dem Normannen Süditalien und Sizilien als päpstliche Lehen und krönte ihn zum König. Gleich danach stürmte Wilhelm I. mit einem mächtigen Heer die Tore Roms: Endlich saß der Papst wieder im Lateranspalast und fand, daß er sich an dem Barbarossa doch höchst elegant gerächt habe. Denn, um die Bosheit vollkommen zu machen, der Friedensschluß von Benevent und die Belehnung des Normannen fanden am 18. Juni 1156 statt, genau am Jahrestag der Kaiserkrönung des Staufers!

Friedrich gerät außer sich, als ihm die Meldung gebracht wird. Nun ist sein gesamtes Süditalien-Konzept zerbrochen. Ein energischer Heerzug sollte den Normannenkönig baldmöglichst zwingen, nicht nur den kaiserlichen Lehenseid zu leisten, sondern auch seinen Staat so eng an das Reich zu binden, daß sich daraus eine Einheit wie etwa mit Böhmen formen ließ.

Die absurde päpstliche Lehenshoheit mußte weggewischt werden, für immer. Süditalien gehörte zum Imperium, seit den alten weströmischen Caesaren. Seit Otto dem Großen hat jeder Herrscher seinen Anspruch auf dieses Gebiet zur Geltung gebracht, entweder die Rückeroberung versucht oder sich von den verschiedenen Regenten den Lehenseid leisten lassen. Daß die vier letzten Herren, Heinrich IV., Heinrich V., Lothar III. und Konrad III. wegen der schwierigen Gesamtlage diese Rechte nicht mehr erneuern konnten, bedeutete keineswegs einen Verzicht des Reiches auf Süditalien, zumal einer von ihnen, Lothar III., 1137 von Rom aus nach Süden zog, um die aufsässigen Normannen zu bändigen. Der Papst hatte ihn händeringend darum gebeten.

Doch als der Kaiser den ersten normannischen Herzog niedergerungen hatte und den Lehenseid abnehmen wollte, bestand der Papst darauf, daß der Besiegte ihm den Lehenseid leiste. Man stritt und beschloß schließlich, daß beide, der Papst und der Kaiser, gemeinsam den Lehenseid entgegennahmen. Doch die kaiserlichen Truppen waren empört. Sie sahen nicht ein, daß sie für eine absurde päpstliche Machtpolitik ihr Leben auf Spiel setzen sollten. Der Feldzug mußte abgebrochen werden.

Denn absurd waren diese Lehensansprüche des Papsttums in der Tat. Wirklich gab es sie ja erst seit 1059. Damals war Kaiser Heinrich IV. noch ein kleiner Junge und unter Vormundschaft. Diese Gelegenheit benutzte Papst Nikolaus II., erläuterte den eben erst in Süditalien eingedrungenen Normannen mittels der »Konstantinischen Schenkung« seine Oberherrschaft auch über dieses Territorium, ließ sich von ihrem Führer Robert Guiscard den Lehenseid leisten und ernannte dafür Herrn Robert zum »Herzog von Apulien und Kalabrien«.

Zwar erlosch dieses Lehensverhältnis wie jedes andere mit dem Tod eines der beiden Partner, doch erreichten die Päpste immer wieder geschickt eine Erneuerung, auch wenn etwa König Roger II. oder jetzt auch König Wilhelm I. sich zunächst arg widerspenstig gaben und die Heiligen Väter gar bedrohten.

Diesem seltsamen Lehensverhältnis wollte er, Friedrich, nun doch ein Ende machen und Süditalien samt Sizilien endgültig dem Reich sichern. Doch nun ist dem Papst sein Schachzug wieder gelungen. Jetzt kann er vorerst nichts mehr tun. Ein Angriff auf die Normannen würde einen Angriff auf den Papst bedeuten. Nun gilt es eben, auf den nächsten Thronwechsel zu warten und dann zu versuchen, Rom zuvorzukommen.

Dennoch, schlimm ist die Sache auf jeden Fall. Denn jeder dieser normannischen Lehenseide festigt die Position des Papsttums in Süditalien und bringt dieses wichtige Gebiet weiter weg vom Reich.

Was dem Kaiser zu seinem Glück verborgen ist: Genau hundert Jahre später formt der Papst aus diesem Anspruch auf süditalienische Lehenshoheit ein Instrument, mit dem er das Kaisergeschlecht derer von Hohenstaufen entmachten und schließlich auslöschen wird.

Nun eben, es ist Friedrich verborgen. Er hat nur Zorn auf seine Fürsten, die ihm vor einem Jahr durch die Verweigerung der Heeresfolge in Rom dies alles beschert haben – und auf sich selbst, weil er durch sein Ungeschick in Italien, durch die unnötigen Kämpfe in Asti, Chieri, Tortona und Rom jenes Nein der Fürsten verursacht hat. Zudem drückt ihn jetzt eine Sorge mehr: Nun zählt der Papst zu seinen Feinden.

Herzogtum Österreich

Um so dringender ist jetzt die endgültige Regelung der Bayernfrage. Denn in Goslar hatten die Fürsten zwar dem Welfen Bayern zugesprochen, aber der unangenehmste Teil der Angelegenheit, den Babenberger zur friedlichen Räumung zu bewegen, blieb dem Kaiser überlassen. Und das eben duldet nun keinen Aufschub mehr.

Nach mühsamen Verhandlungen mit dem Babenberger

und mit Heinrich dem Löwen zeichnet sich endlich eine Lösung ab, weshalb dann zur abschließenden Klärung für Mitte September 1156 ein Reichstag nach Regensburg einberufen werden kann.

Noch einmal trotzt der Babenberger. Er findet sich zwar ein, aber er lagert draußen vor den Toren der Stadt und verlangt, daß der Kaiser zu ihm komme!

Des Kaisers Stellung ist stark genug, er kann es sich leisten, nachzugeben. Lächelnd geht er in Begleitung aller Fürsten, die nach Regensburg gekommen sind, hinaus ins Lager seines störrischen Oheims, wo er feierlich die Verträge verkünden läßt: Die Mark Österreich wird um bayerische Gebiete vergrößert und zum selbständigen Herzogtum erhoben. Das weibliche Erbfolgerecht bekommt der Babenberger dabei ebenso zugesichert wie die Erlaubnis, nur an Reichskriegen teilnehmen zu müssen, die der Verteidigung seiner eigenen Grenzen dienen. Zum Besuch von Reichstagen ist er nur dann verpflichtet, wenn sie in Bayern stattfinden.

Diese Zugeständnisse, später als »privilegium minus« bezeichnet, machen das Babenberger-Herzogtum beinahe unabhängig vom Reich und entziehen Österreich für Jahrhunderte der königlichen Gewalt. Sie sind der Preis dafür, daß Heinrich der Löwe Bayern endgültig und ungestört übernehmen kann.

Eine Brücke macht »Geschichte«

Der Löwe freilich ist zufrieden, beginnt sogleich, das Regiment auf seine Art zu sichern. Und in Bayern ducken sie sich, alle. Denn jeder weiß, wie hart und rücksichtslos der junge Welfe ist. Und daß Widersprechen oder gar Sich-Wehren fürchterliche Folgen haben kann. Ja, man flüstert sogar, selbst der Kaiser wage nichts gegen ihn, und das so sehr, daß die Schiedssprüche des kaiserlichen Gerichts in der Regel zugunsten des Löwen ausfallen.

Und in der Tat, Heinrich kann sich fast alles erlauben. Wie sich seine unbekümmerten Aktionen so entwickelten, mag da ein Vorfall zeigen, der zudem im wörtlichenn Sinne »Geschichte« machte. Über die mittlere Isar, einen Hauptfluß in Bayern, führte eine Holzbrücke, die als Hauptverbindung für den Fernhandel prächtige Zolleinnahmen brachte. Allerdings lag sie auf dem Gebiet des Bischofs von Freising und leitete somit alle die satten Einkünfte in die Freisinger Kassen. Eine Tatsache, die Heinrich den Löwen, seit jenem September 1156 nun eben auch Herzog von Bayern, zunehmend ärgerte.

Also handelte er: Etwa zweieinhalb Jahre nach seinem bayerischen Regierungsantritt ließ er nachts diese »goldene Brücke« verbrennen – und eine neue bauen, jedoch ein Stück flußabwärts und auf seinem eigenen Territorium.

Natürlich war Herr Otto, der Bischof von Freising, empört und rief das kaiserliche Gericht an. Doch Friedrich beschwichtigte ihn. Er wolle den gewalttätigen Löwen nicht schon wieder reizen. Und da der Bischof nicht nur sein Onkel, sondern auch ein höchst namhafter Geschichtsschreiber war, bot er an, Herr Otto möge doch auf die dumme Brücke verzichten, statt dessen seine, des »Kaisers Taten« aufschreiben und so ein Stück Reichsgeschichte festhalten.

Nun, der Bischof stimmte zu, wohl auch in der Erkenntnis, daß es ohnehin keinen Sinn hatte, hier noch weiter nachzufordern. Und der Kaiser lohnte es, indem er ihm alle nur gewünschten Materialien und Informationen zukommen ließ, auch die geheimsten und schwierigsten und ihm für seine Arbeit Zugang zu jeglicher kaiserlichen Kanzlei erlaubte. Nun, der Bischof machte es sich nicht leicht. Aber dafür wurde es auch ein erstaunliches Buch. Seine »Taten Friedrichs« gelten längst als eines der wichtigsten Geschichtswerke des hohen Mittelalters und haben ihren Verfasser, den Otto von Freising, unsterblich gemacht.

Von der Brücke jedoch sprach man nun eben nicht mehr. Sie blieb stehen, füllte fortan die Taschen von Herzog Heinrich und ließ an ihrem westlichen Ende einen neuen Markt entstehen – München.

Kaisertag

Eigentlich hat der Kaiser ja in seine Lieblingsresidenz Würzburg zu einem ganz gewöhnlichen Hoftag geladen. Aber dieser 28. September 1157 wird unversehens ein erster Höhepunkt seiner bisherigen Regierungszeit, ein Feuerwerk diplomatischer und politischer Möglichkeiten, ein wahrer »Kaisertag«.

Sicher, die Stadt zwischen den Weinbergen samt dem silbernen Fluß in der Mitte »tut mit ihrer Liebenswürdigkeit gar viel«, bietet den richtigen Rahmen. Zwar wird es noch lange dauern, ehe sie sich mit den prächtigen Städten in Italien messen kann. Noch immer sind die meisten Häuser nur aus rohen Steinen, Lehm und Fachwerk gefügt und mit Stroh gedeckt, durch die Gassen ohne Pflaster und Abflüsse zwängen sich unentwegt Menschen, Rinder, Ziegen, Bauernwagen. Es ist eben alles noch arg ärmlich.

Doch schon reckt sich da der mächtige Dom hoch, und die vielen anderen Kirchen, die Bauten der reichen Klöster, thronten hoch über der Stadt die Bischofsburg – und unten am Main die Kaiserpfalz. Ihre Türme und Giebel, ihre Bogen und Arkaden beherrschen das Bild vor allem, und das kostbare Innere mit dem Marmor, den bunten Teppichen und den bemalten Decken, mit all den goldglänzenden Hallen und Sälen, das bietet schon die Würde eines wirklich imperialen Palastes.

Die Gäste jedenfalls aus halb Europa loben und staunen, drängen mit Geschenken und Ehrengaben auf die Empfänge des Kaisers, füllen die Bankettsäle und Turnierplätze, vergnügen sich bei der Jagd in den Wäldern, bei der Schiffahrt auf dem Fluß. Und versichern jedem, daß die kaiserliche Majestät sich vielleicht doch eine richtige Kapitale, eine Hauptstadt bauen sollte und daß eigentlich dieser Ort hier sich ganz wunderbar dafür eigne.

Nun, an diesem Tag ist Würzburg tatsächlich ein Schnittpunkt der Diplomatie. Die europäischen Herrscher nämlich schätzen inzwischen Friedrichs Macht ungemein hoch ein und beeilen sich, ihm Ergebenheitsadressen vortragen und Anregungen zur Zusammenarbeit unterbreiten zu lassen. Selbst der Kaiser aus Konstantinopel schickt seinem »Erhabenen Bruder im Amte« seine Grüße und Wünsche.

Die größte Überraschung jedoch gelingt dem englischen

König, der unter anderem ein Zelt überreichen läßt, das so riesig ist, daß es nur mit Maschinen aufgestellt werden kann. Und dazu sendet er dem Kaiser einen Brief, in dem er ihm seine treueste Zusammenarbeit zusichert, ewigen Frieden zwischen den Völkern anbietet und mit den Worten schließt: »Ihr, als der Höhergestellte sollt befehlen, und an dem Willen zum Gehorchen soll es uns nicht mangeln«. Und das ist eigentlich nichts anderes als die Anerkennung der kaiserlichen Autorität durch den nach ihm mächtigsten Herrscher des Abendlandes.

Denn so muß dieser Heinrich II., König von England eingereiht werden: Er erbte als Herzog der Normandie von seinen Eltern ein ganzes westliches Viertel Frankreichs, seine Frau brachte ihm das andere Viertel mit, vor drei Jahren wurde er auch noch König von England – und somit dehnt sich sein Reich von den Pyrenäen bis nach Schottland.

Dem französischen König Karl VII. ist von seinem einstigen Reich wahrhaftig nur noch ein gutes Drittel geblieben. Gewiß, Heinrich hat gut die Hälfte seiner französischen Gebiete von König Karl zum Lehen. Doch er ist der Stärkere und durchaus interessiert, das letzte Drittel Frankreichs gleichfalls in sein Imperium einzubinden, mit oder ohne König Karl. Dieser wiederum sucht verzweifelt wenigstens den verbliebenen Rest zu halten – und beide suchen einen Bündnispartner.

So darf Heinrichs Brief gedeutet werden. Doch der Kaiser wird sich natürlich bedeckt halten. Hat Heinrich auch noch das restliche Frankreich, ist er übermächtig. Und das kann nicht im Interesse des Reiches liegen. Andererseits hat die französische Krone durchaus die Möglichkeit, die Lehen in Heinrichs Besitz wieder zurückzufordern, sobald das Lehensverhältnis erlischt, entweder durch den Tod Heinrichs oder durch den Tod Karls. Und das wäre ja dann immerhin wieder ein Viertel des alten Frankreich – und erneut eine völlig neue Lage.

Jedenfalls darf er, Friedrich, in beiden Herren höchst vielversprechende Partner sehen. Und da sie beide um ihn werben, wird er eben darauf achten, daß er seinen Vorteil daraus zieht. Dabei sind das nur zwei von all den unerwarteten Möglichkeiten, die dieser Tag eröffnet hat. Nun denn, jetzt gilt es eben, geschickt zu nutzen und auszubauen.

Allerdings muß er dafür Ruhe im Süden haben, er muß mit dem Papst zum Frieden kommen – und muß die italienischen Verhältnisse so ordnen, daß er sich auf dieses Land stützen und verlassen kann. Gelingt ihm das nicht, dann wird ihn der Erfolg wieder verlassen, noch ehe er ihn wirklich begleitet hat.

Streit um ein Wort

Auch auf dem Reichstag von Besançon, den Friedrich zwei Wochen später hält, türmen sich die Ehrbeweise: Geschenke, Botschaften, Delegationen der spanischen Könige, des Königs von Frankreich, Gesandte aus England, aus Italien. Fast sieht es so aus, als ob er allein durch das Beispiel seiner Leistung, seiner Persönlichkeit dem großen Ziel näher komme: das erneuerte Römische Reich als Staatenbund aller christlichen Völker.

Und vor allem Burgund steht hinter ihm. Die Fürsten aus dem ganzen Land sind von der Klugheit, mit der er richtet, ebenso überrascht wie von dem Geschick, mit dem er die

Zuständigkeiten der Bischöfe und Bistümer zwischen Besançon und Avignon aufteilt. Mit diesem Reichstag hat er sie alle gewonnen.

Doch eben jetzt tritt eine Gesandtschaft des Papstes auf, welche die Harmonie empfindlich stört. Man verliest ein Schreiben Hadrians, in dem dieser den Kaiser anklagt, er habe nichts für einen Bischof unternommen, der von Wegelagerern verschleppt worden und noch immer nicht frei sei. Obwohl ihm doch der Papst, ohne zu zögern, die Kaiserkrone verliehen habe und ihm auch sonst jederzeit gern weitere »Benefizien« gebe.

Der Brief ist böse, aber schlimmer noch wirkt das Wort »Benefizium«. Denn das bedeutet damals sowohl »Wohltat« wie auch »Lehen«. Es kommt also auf die Übersetzung an!

Nun haben sich aber in jenem Jahr Kaiser wie Papst nahezu gleichzeitig mit neuen persönlichen Beratern umgeben. Neben dem Kaiser steht als Kanzler und Vertrauter Rainald von Dassel, ein junger, hochgebildeter Kleriker, der neben umfassenden Kenntnissen auf allen Wissensgebieten auch die wichtigsten Sprachen des damaligen Europa beherrscht. Er ist energisch, zupackend, schnell, aber auch hart, und der Schritt bis zur Gewalttätigkeit ist oft nur klein. Sein politisches Leitbild ist das Reich Karls und Ottos, ist die Lehre von den zwei gleichberechtigten Gewalten. Am liebsten freilich sähe er den Kaiser über dem Papst stehen, genauso wie der griechische Kaiser über dem Patriarchen von Konstantinopel steht. Den Anspruch Gregors VII. auf die Weltherrschaft bekämpft er mit aller Kraft.

Der Papst dagegen hat sich den Kirchenrechtler Roland Bandinelli geholt und ihn als Kardinal zu seinem persönlichen Berater gemacht. Kanzler und Kardinal haben viel gemeinsam – vom hohen Stand ihrer Bildung bis hin zu typischen Eigenschaften ihres Charakters und Temperaments.

Nur, Kardinal Roland ist ein entschiedener, ja fanatischer Gregorianer, und er hat sich vorgenommen, nicht eher zu ruhen, bis der Kaiser dem Papst den Lehenseid geleistet habe.

Diese beiden Männer stehen sich nun in Besançon gegenüber – der eine als Interpret des päpstlichen Schreibens, der andere als Übersetzer für seinen Kaiser. Und als Rainald die Anmaßung des Kardinals spürt, ist er entschlossen, den Konflikt herbeizuführen. Also übersetzt er »Lehen«, was bei der raffinierten Formulierung des päpstlichen Schreibens nichts anderes bedeutet, als daß der Kaiser seine Krone vom Papst zu Lehen bekommen habe.

Friedrich stampft empört auf, die Fürsten schreien durcheinander. Bandinelli ruft: »Ja, von wem hat denn der Kaiser seine Krone, wenn nicht vom Papst?« Otto von Wittelsbach geht mit dem Schwert auf den Kardinal los, der Kaiser springt dazwischen, Rainald packt den Brief des Papstes und zerbricht das Siegel.

Als sich der Tumult etwas gelegt hat, verweist Friedrich die Päpstlichen vom Hof und läßt ihr Gepäck durchsuchen. Er hat recht vermutet: Die Herren führen nicht nur päpstliche Mitteilungen an die Reichsbischöfe mit, in denen diese aufgefordert werden, sich vom Kaiser zurückzuziehen. Sie verfügen auch über leere Blätter, die Unterschrift und Siegel des Papstes tragen und die Roland nach Belieben hätte ausfüllen können.

Das ist zuviel. Roland muß mit seiner Begleitung sofort das Land verlassen. Und der Kaiser schickt an sämtliche Fürsten des Abendlandes ein Schreiben, in dem er den Vorfall schildert und nochmals eindeutig die Theorie von den beiden Gewalten erläutert.

Der Brief wirkt. Die Machenschaften des Papstes werden fast einhellig verurteilt, und insbesondere die Reichsbischöfe bitten Hadrian dringend, ganz klar festzustellen, daß er mit »Benefizium« ausdrücklich »Wohltat« gemeint habe und nichts sonst.

Natürlich kommt lange Zeit keine Antwort. Aber als der Papst sieht, daß er nahezu völlig allein steht, muß er sich doch zu einer Gegendarstellung durchringen. Er schickt eine Gesandtschaft mit der entsprechenden Erklärung nach Norden. Doch wenn der Vorfall damit zumindest nach außen hin bereinigt ist: Das Verhältnis zwischen Kaiser und Papst wird von Tag zu Tag schlechter.

Als Friedrich dann Ende Juni 1158 nach Italien aufbricht, hat Mailand in Rom einen mächtigen Verbündeten!

Der falsche Weg

Diesen Zug freilich hatte der Kaiser vorbereiten lassen: Rainald von Dassel und Otto von Wittelsbach waren längst jenseits der Alpen und sammelten die Feinde Mailands. Sie mußten sich nicht sehr bemühen, fast alle Städte der Lombardei schlossen sich an, sagten Truppen und materielle Hilfe zu. Und alle leisteten wie selbstverständlich den Treueid auf den Kaiser, indem sie ihn als den nahezu unumschränkten Herrscher anerkannten. Einige wie etwa Ravenna oder Piacenza zögerten zwar, aber schließlich traten auch sie bei.

Und auch der Kaiser in Deutschland konnte zufrieden sein. Nur wenige Fürsten hatten gebeten, sie von der Teilnahme am Italienzug zu befreien.

Allerdings fällt auf, daß auch Heinrich der Löwe zu Hause blieb. Die Lage an der Grenze zu Mecklenburg hatte sich bedenklich verschärft. Das bestätigt einmal mehr, daß der Kaiser und Heinrich eine Art »Arbeitsteilung« vorgenommen hatten: Der eine betrieb die allgemeine Reichspolitik und kümmerte sich insbesondere um Italien, der andere übernahm die Sicherung und mögliche Erweiterung der Grenzen zu den Slawen, also die Ostpolitik.

Deshalb erhielt der Löwe wohl auch ein Privileg nach dem anderen, ja, er nahm allmählich eine geradezu königliche Stellung ein. Deshalb stellte sich Friedrich auch stets vor ihn und sah ihm alle Übergriffe nach. Friedrich und Heinrich, das waren eher Partner denn Herr und Vasall.

Mailands erster Sturz

Als der Staufer zu Beginn des Juli 1158 über den Brenner zog, hatte er eine gewaltige Macht hinter sich: 10 000 Ritter, die zusammen mit dem Fußvolk 50 000 Mann ausmachten, also mehr als fünfmal soviel wie das letzte Mal. Auch die Könige von Ungarn und Böhmen mit ihren Leuten waren nun darunter.

Gegen dieses Heer konnte sich Mailand, ohnehin längst allein gelassen, niemals halten. Zwar wehrte es sich zunächst, aber nach einer Belagerung von gut drei Wochen mußte es die Waffen strecken und um Gnade bitten.

Friedrich gab nach, aber die Bedingungen, die er stellte, waren hart: 4500 Pfund Silber hatten die Mailänder zu zahlen, alle alten Königsrechte zurückzugeben, die Städte Lodi und Como, die sie einst zerstört hatten, wieder aufzubauen und den Treueid auf den Kaiser zu leisten!

Vor allem aber mußten sie sich förmlich unterwerfen: Am 7. September 1158 zogen zwölf mailändische Konsuln vor den kaiserlichen Thron, barfuß, jeder ein Schwert um den Hals gebunden. Und der Konsul Obertus de Orto mußte sagen: »Wir haben gefehlt und Unrecht getan und bitten um Verzeihung. Unsere Häupter, die wir Eurer Macht und Euren Schwertern ausliefern, sind die aller Mailänder, und mit diesen unseren Schwertern werden alle Waffen Mailands in Eurer Hand sein!«

Nun erst war es gut. Der Friedensvertrag wurde unterschrieben. Und ganz Norditalien jubelte, weil jetzt das mailändische Joch nicht mehr drückte und weil die über tausend Gefangenen frei wurden, die bis zu zehn Jahren in den Verliesen der verhaßten Stadt dahinvegetieren mußten.

Die Lieder und Huldigungen an den »Retter Barbarossa« kamen von Herzen.

Reichstag auf den Ronkalischen Feldern

Feuchter Nebel liegt über dem Land, es ist kalt. Aber zu beiden Seiten des Po hat sich während der letzten Tage eine richtige Zeltstadt ausgebreitet, die ständig wächst. Eine Brücke wird eben über den Fluß geschlagen, festlich gekleidete Menschen laufen geschäftig durcheinander, überall spürt man freudige Erwartung. Der Kaiser hat für diesen 11. November 1158 zu einem Reichstag auf die Ronkalischen Felder geladen.

Fast alle geistlichen und weltlichen Fürsten Italiens sind gekommen, Gesandtschaften aller Städte und, was den Gerüchten zufolge Barbarossa besonders wichtig sein soll, die vier berühmtesten Rechtsgelehrten des ganzen Abendlandes: Bulgarus, Martinus, Jacobus und Hugo aus Bologna. Offensichtlich soll nun eine umfassende Rechts- und Friedensregelung für das ganze Land geschaffen werden. Endlich! Und als die geistlichen Fürsten in dem prächtigen Zelt, was der König von England geschenkt hat, drei Tage mit Friedrich beraten, nimmt das jeder draußen als ein gutes Zeichen.

Dann, am dritten Tag, eröffnet der Kaiser den Reichstag mit einer Grundsatzerklärung, in der er darlegt, daß er keinen Mißbrauch der Reichsgewalt dulden werde. Doch auch über sich selbst sehe er Gesetz und Recht gestellt, und die Pflicht zur Bewahrung der Freiheit des einzelnen sei ihm ebenso oberstes Gebot wie die Sorge um das Wohl des Reiches.

In seiner Entgegnung legt der Erzbischof von Mailand die Lage Italiens dar und stellt fest, daß allein dem Kaiser das Recht der Gesetzgebung zustehe. Keiner widerspricht.

Leise Befürchtungen kommen erst auf, als Friedrich abschließend anordnet, sämtliche Regalien zusammenzustellen, insbesondere jene, die die Städte innehätten.

Die Regalien, das sind eben jene alten Rechte, die der König stets in Italien hatte: Verfügungsgewalt über alle Gebiete und Herrschaften, volle Gerichtshoheit, Einsetzung der Konsuln in den Städten, Errichtung von Pfalzen, Hoheit über alle Verkehrswege zu Wasser und zu Land. Vor allem aber geht es um Geld: Anteile an gerichtlich festgesetzten Strafgeldern und an eingezogenen Gütern, Einkünfte aus Zöllen, Wege- und Hafengeldern, aus Märkten, Münzen, Salinen, Bergbau und Fischerei.

All diese Rechte gehören tatsächlich der Krone und wurden zu Unrecht von den Städten vereinnahmt, auch wenn sich seit 130 Jahren kein Kaiser und König mehr darum bemühte. Aber wenn Friedrich sie jetzt zurückverlangt, verlieren all diese Stadtstaaten nicht nur ihre Selbständigkeit, sondern auch den größten Teil ihrer Einnahmen und damit ihre wirtschaftliche Existenz. Dann werden sie dem König hilflos ausgeliefert sein! Denn wer bekam früher schon Regalien von einem Herrscher geschenkt? Die wenigsten haben rechtlich gesicherte Ansprüche.

So versammeln sich die Herren und Gesandtschaften mit recht gemischten Gefühlen, als nach den erstellten Unterlagen Verordnungen und Gesetze verkündet werden sollen.

Zunächst läßt sich der Kaiser alle Regalien zurückgeben und fragt nun, wer rechtlich gesicherte Ansprüche habe. Es sind tatsächlich nicht sehr viele, die sich melden. Dann erklärt er, daß er die übrigen Rechte für sich behalten und in jede Stadt und Herrschaft einen Beauftragten schicken werde, der über die Verwaltung zu wachen und die Einkünfte zu sammeln habe. Einkünfte, die nach vorsichtigen Schätzungen auf insgesamt 30 000 Pfund Silber beziffert werden! Wobei »Pfund« wörtlich zu nehmen ist.

Die Anwesenden sind wie gelähmt vor Schreck, und in der allgemeinen Betroffenheit gehen die übrigen guten Anordnungen ziemlich unter. Auch die Verkündigung des allgemeinen Landfriedens, den alle beschwören müssen, und die Verfügung, daß jeglicher Streit nur noch von ordentlichen Gerichten entschieden werden darf, nimmt keiner so recht wahr.

Friedrich scheint also sein Konzept für die »Lösung der italienischen Frage« gefunden zu haben. Zunächst und unnachsichtig alle verschütteten Rechte wieder zu Geltung zu bringen, die königliche Gewalt als absolute Autorität durchzusetzen und dann in gerechter Milde einen Teil der Privilegien wieder zurückzugeben – als Lohn und Ansporn gewissermaßen.

Insbesondere Norditalien sollte ein echtes Königsland werden: in sich geschlossen, blühend, die eigentliche Stütze jener Kaisermacht, wie sie ihm immer wieder vorschwebt.

Gewiß, das Konzept klingt so schlecht nicht. Aber wie hat er es eingeleitet? Hart, undiplomatisch, ja tyrannisch! Natürlich ist er im Recht, aber hätte sich nicht ein anderer, versöhnlicherer Weg finden lassen? Doch neben dem Thron steht Rainald von Dassel, der Kanzler. Und alles trägt dessen gewalttätige Handschrift.

Crema

Sofort werden die Gesetze verwirklicht. Überall läßt Friedrich seine Vertreter, Podestà genannt, einsetzen, damit sie die Regalieneinkünfte eintreiben. Haß kommt auf in den Städten, Mailand weigert sich und verweist auf den Friedensvertrag vom September, der weitaus günstiger ist. Es kommt zu Aufständen, Kämpfen. Der Kaiser muß in Deutschland Truppen anfordern. Er wird nervös. Seine Entscheidungen sind härter, als er eigentlich will, und oft schon unüberlegt. Als sich Cremona über die Nachbarstadt Crema beschwert, befiehlt er, ohne überhaupt nachzufragen, daß Crema alle seine Befestigungsanlagen einzureißen habe. Die Stadt weigert sich, Friedrich verhängt die Reichsacht und zieht, als neue Truppen eingetroffen sind, im Juli 1159 aus, sie zu vollstrecken.

Nun wiederholt sich das Trauerspiel von Tortona – nur fürchterlicher, grausamer! Die kleine Stadt wehrt sich erbittert. Der Kaiser kommt nicht weiter, seine Verluste wachsen täglich. Die gegenseitigen Grausamkeiten häufen sich.

Volle sieben Monate dauert die Belagerung, bis die tapferen Cremaner schließlich am 26. Januar 1160 aufgeben. Friedrich läßt sie frei abziehen, aber ihre Stadt wird geplündert und zerstört. Der Kaiser hat sich durchgesetzt. Nach diesem »Sieg« aber verdunkelt sich sein Ansehen im Abendland.

Und mitten in diesem unsinnigen Ringen ereignet sich in Rom etwas, das die Politik des Staufers die nächsten 18 Jahre überschatten wird.

Das Schisma

Papst Hadrian war gestorben. Etwa 30 kirchliche Würdenträger setzten sich am 7. September 1159 zusammen, um den Nachfolger zu wählen. 25 Stimmen fielen auf Kardinal

Roland, eben jenen, mit dem Friedrich die Auseinandersetzung in Besançon gehabt hatte, nur 5 Stimmen für den kaisertreuen Oktavian Monticelli.

Nun ist aber der Papst auch Bischof von Rom, und damals gilt er erst dann als gewählt, wenn auch die Geistlichkeit und das Volk von Rom ihn anerkennen. Und das nützt Oktavian!

Als der Krönungsmantel gebracht wird, reißt er ihn den Trägern aus den Händen, legt ihn um, eilt mit ein paar Freunden hinaus und läßt sich vom jubelnden Volk als Viktor IV. huldigen. Wütend verläßt Roland mit seinen Anhängern die Stadt und vergräbt sich einige Tage in einem kleinen Nest südlich von Rom.

Doch dann besinnt er sich eines anderen: Er teilt aller Welt mit, daß in Wirklichkeit er gewählt worden sei und nun unter dem Namen Alexander III. sein Pontifikat beginnen werde.

Der Kaiser ist entsetzt. Ein Schisma, eine Kirchenspaltung, ist das letzte, was er im Augenblick brauchen kann! Dann lieber noch Roland als Papst. Sofort nach dem Fall Cremas beruft er deshalb eine allgemeine Bischofsversammlung nach Pavia und lädt neben den beiden Päpsten auch alle Herrscher des Abendlandes dazu ein. Dort soll über den wahren Nachfolger Petri entschieden werden.

Im Februar 1160 kommen sie: 50 Erzbischöfe und Bischöfe aus Deutschland und Norditalien, Delegationen aus England, Frankreich, Böhmen, Ungarn, Dänemark, Polen und Papst Viktor. Nicht aber Alexander! Und so wird zwar nach sechstägigen Beratungen schließlich doch Viktor IV. bestätigt. Alexander aber sendet Briefe in alle Welt, legt seine Sache dar und findet Anerkennung in Spanien, Ungarn und Dänemark, ja sogar beim Erzbischof von Salzburg.

Als sich dann der französische und der englische Klerus auch noch für ihn aussprechen, fühlt er sich stark genug: Er belegt seinen Gegner Viktor und Kaiser Friedrich mit dem Bann. Was nützt da Viktors Gegenbann? Auch wenn das Volk von Rom Alexander ablehnt, das Schisma reißt das ganze Abendland in zwei Lager.

Mailands zweiter Sturz

Barbarossa sorgt sich, Alexander arbeitet im ganzen Ausland gegen ihn. Schon hat er den Normannen Wilhelm und Manuel von Byzanz zusammengebracht, mit den Königen von England und Frankreich hält er regen Kontakt, Ungarn zieht sich immer mehr aus dem Kaiserlager zurück. Und in Italien wächst der Widerstand.

Wieder ist es Mailand, das am meisten gegen ihn wütet. Es rebelliert so, daß Friedrich kaum ein Jahr nach dem Ronkalischen Reichstag voller Zorn schwört, so lange seine Krone nicht mehr aufzusetzen, bis er Mailand erobert und zerstört habe.

Zwei Jahre später hat er endlich eine so große Streitmacht zusammen, daß er gegen die Stadt vorgehen kann. Im Umkreis von vier Meilen vernichtet er im Sommer 1161 alles bis auf den kleinsten Strauch. Dann läßt er sämtliche Zufahrtsstraßen und -wege hermetisch abriegeln: In der Stadt breitet sich der Hunger aus. Alle Ausfälle helfen nichts, der tödliche Ring wird immer undurchlässiger. Doch auch als die letzte Wasserzufuhr abgeschnitten ist, halten es die Eingeschlossenen noch mehr als vier Wochen aus.

Aber nun, am 1. März 1162, öffnen sich die Tore. Acht Konsuln und acht Ritter kommen heraus, so wie das letzte Mal: barfuß, die Schwerter um den Hals gebunden. Sie ergeben sich bedingungslos. Bischöfe aus Friedrichs Begleitung bitten um Gnade, aber der Kaiser schweigt. Er schweigt auch noch, als 94 Fahnen von abhängigen Orten vor ihm niedergelegt werden, als sich der Mast des stolzen mailändischen Fahnenwagens senkt und er eigenhändig die heilige Stadtfahne herunterreißt.

Dann befiehlt er, die Bevölkerung zwischen dem 19. und 26. März in umliegende Dörfer umzusiedeln und überläßt die Stadt dem Zorn der übrigen Lombarden zur Zerstörung. Nach einigen Tagen stehen nur noch die Kirchen und ein paar Paläste von Kaisertreuen. Am 8. April 1162 feiert er in Pavia das Osterfest: Unter dem Jubel des Volkes trägt er zum erstenmal seit drei Jahren wieder seine Krone. Und jetzt, da er die Königsmacht in Italien gefestigt glaubt wie nie zuvor, beginnt er mit dem zweiten Teil seines ronkalischen Konzepts: Er lohnt den treuen Städten ihre Hilfe mit feierlich verliehenen Regalien.

Friede und Ordnung im ganzen Land, von den Alpen bis hinunter nach Rom. Beruhigt setzt der König Kanzler Rainald als Statthalter ein und zieht nach Norden, weil in Deutschland schon wieder Unruhe wegen Heinrich dem Löwen herrscht.

Doch die Autorität des Staufers ist inzwischen unangefochten: In gut einem Jahr stellt er wieder Ruhe her, gründet Städte, läßt Straßen und Burgen bauen und leitet die Erneuerung des gesamten Wirtschaftslebens ein. Besonders geschickt ordnet er im Osten, wo er Schlesien – den ewigen Zankapfel zwischen Polen und Böhmen – endgültig unter den Schutz des Reiches stellt.

Viel Zeit bleibt ihm freilich nicht. Die Probleme in Italien häufen sich: Inzwischen tritt auch der Franzosenkönig offen

für Alexander ein, die Kirchenspaltung wird immer gefähr-
licher. Und die sizilischen Normannen stellen sich immer
drohender gegen Kaiser und Reich.

Und noch einmal: Schisma!

Vor allem mit den italienischen Städten will er diese Fragen
angehen. Doch statt in Ruhe mit ihnen beraten zu können,
wird er, wo er auch hinkommt, mit Klagen überhäuft: Über
die Podestà, über Rainald von Dassel, über unglaubliche
Übergriffe und Rücksichtslosigkeiten der kaiserlichen Verwaltung.

Vielleicht hätte Friedrich jetzt einigen, klären können,
doch da erkrankt er an einem Wechselfieber. Zwischen Fie-
berträumen und Bewußtlosigkeit schieben sich zwar immer
Stunden völliger Klarheit, aber der Kranke ist viel zu matt,
um irgendwelche Entscheidungen treffen zu können. Und
genau in dieser Zeit, zwischen Anfang April und Mitte Juni,
da der Kaiser hilflos in seiner Pfalz zu Pavia liegt, und Kanzler Rainald uneingeschränkt regiert, genau in dieser Zeit,
am 20. April 1164, stirbt in Lucca Viktor IV. Vermutlich
hätte sich Friedrich, der in der letzten Zeit die Friedensange-
bote Alexanders immer ernster nahm, mit diesem nun ge-
einigt und einen Schlußstrich unter die unselige Kirchenspaltung gezogen. Nicht so Rainald!

Kaum hat Viktor die Augen geschlossen, versammelt er

einige Bischöfe aus der näheren Umgebung und läßt den Kardinal Guido von Crema zum neuen Papst Paschalis II. wählen. Friedrich hört offenbar erst in einer Fieberpause von diesem Streich seines Kanzlers. Der neue Gegenpapst ist schon installiert.

Weshalb er dennoch schließlich seine Zustimmung gibt, weiß niemand. Jedenfalls kann Rainald diese bald vorweisen, und das Schisma bleibt weiter bestehen. Wen wundert es da, wenn nun selbst die deutschen Bischöfe zu murren beginnen und sich immer mehr auf die Seite Alexanders schlagen? Denn dieser neue Gegenpapst hat nun wirklich keine Legitimation mehr. Rainald eilt nach Norden, von einem Kirchenmann zum andern. Aber der Erfolg ist gering. Alexander setzt sich mehr und mehr durch.

Der Veroneser Städtebund

Und in Italien kommt es zur Rebellion. Das unglaublich harte Vorgehen Rainalds hat auch Städte erbost, die bisher loyal auf der Seite Friedrichs standen. Denn der wackere Kanzler hat auf so schamlose und brutale Art Gelder eingetrieben und die Bevölkerung unterdrückt, daß dieses Norditalien eher einer geknechteten orientalischen Provinz als dem Herzland des abendländischen Kaiserreichs gleicht.

Friedrich ist verwirrt. Es hat doch alles so fest, so sicher gefügt ausgesehen! Aber vielleicht ist der Weg, den er seit den Ronkalischen Feldern eingeschlagen hat, doch nicht der richtige? Vielleicht hätte er mehr an die Menschen denken sollen?

Aber selbst wenn er jetzt Änderungen verfügen würde – sähe das nicht wie Schwäche aus? Gerade jetzt? Er kann sich einfach nicht dazu entschließen, und so bleiben die Podestà ungeschoren und treiben ihr Unwesen wie zuvor. Die Empörung wächst. Venedig sammelt das Ausland gegen den Kaiser, der Podestà von Bologna wird erschlagen, der von Piacenza verjagt, Hohnlieder gegen den »Barbarossa« gellen durch die Straßen. Der schicksalhafte Reichstag liegt nicht einmal fünf Jahre zurück.

Als der Kaiser im Oktober 1164 mit seiner Familie und einer kleinen Begleitung von Pavia über die Alpen nach Deutschland reist, ist das – bei aller Würde, auf die er achtet – doch schon eher eine Flucht.

Karl der Heilige

Bei den deutschen Fürsten freilich ist sein Ansehen ungebrochen. Und was es auch an Zwist und Wirrnissen geben mag: Meist genügt schon sein Erscheinen, um den Streitfall zu klären. Und sicher wäre dieser Deutschlandaufenthalt noch bedeutender und fruchtbarer geworden als alle früheren, wenn ihn sein Kanzler nicht für eine absurde Idee gewonnen hätte. Der ganze deutsche Reichsteil, alle Fürsten, alle Klöster und Lehensleute, ja selbst die Bauern sollten schwören, daß sie nur Papst Paschalis und seine Nachfolger anerkennen würden. Aber als danach Kanzler Rainalds »Eidjäger« durch die Lande ziehen, laufen die Menschen vor ihnen davon, ja, ganze Dorfgemeinschaften flüchten über die Grenzen ins Ausland. Barbarossas Autorität nimmt bösen Schaden.

Schlimmer noch: Auch der Erzbischof von Salzburg verweigert den Eid und bietet zudem allen gleichgesinnten Klerikern seinen Schutz an. Salzburg wird zum Zentrum der Alexanderfreunde in Deutschland. Über 500 Kleriker sollen sich dort zusammengefunden haben. Und es zeigt sich rasch, daß es diesen Rebellen weniger um die Person des Papstes geht, als vielmehr um die Idee der Unabhängigkeit der Kirche von Krone und Reich auch unter der deutschen Geistlichkeit.

Dennoch, einen Vorteil bringt diese seltsame Aktion schließlich doch. Der dankbare Paschalis erfüllt Friedrich einen Herzenswunsch: Er spricht Karl den Großen heilig.

Karl war dem Staufer unendlich wichtig. Er galt ihm als das große, verpflichtende Vorbild, Karls Reich bedeutete den Rahmen, den er mit seiner »Renovatio Imperii«, der Widerherstellung des Reiches füllen, Karls Kaisermacht in Reich und Kirche das Ziel, das er erreichen mußte. Und mit dieser demonstrativen Heiligsprechung band er den »Gewaltigen« ein in die Tradition der deutschen Krone, machte ihn zum Ahnherrn des römisch-deutschen Reiches und legitimierte damit die eigene Macht, die eigenen Ansprüche. Er schlug mit diesem Ereignis eine Wegmarke ein. Sie galt dem ganzen Abendland, sie galt Byzanz und Kiew – besonders jedoch dem König von Frankreich und dem Papsttum.

Ein strahlendes Fest soll der 29. Dezember 1165 werden, der Tag, an dem Karl der Große in die Reihen der Heiligen der Christenheit aufgenommen wird. Also beruft der Kaiser für diesen 29. Dezember einen Reichstag nach Aachen. Er selbst trifft mit seiner Familie schon früher ein, feiert hier das Weihnachtsfest und bereitet sich dann »betend und fastend auf den großen Tag vor«.

Und es wird ein großer Tag. Schon am Morgen hat sich, trotz aller Schwierigkeiten mit den Eidverweigerern, fast eine ebenso glänzende Versammlung eingefunden wie damals zum Krönungstag, die Fürsten, beinahe alle Bischöfe, der päpstliche Legat mit der Urkunde, Gesandtschaften aus den Nachbarländern.

Die Feierlichkeiten beginnen mit dem »Kaiserzug«, dem Einzug des Kaisers und der Fürsten in das Münster. Dann folgt der große Festgottesdienst, während dem vier Erzbischöfe die Gebeine Karls aus dem Erdgrab heben und in den neuen goldenen Schrein legen, der Legat verliest das Schreiben, mit dem Papst Paschalis verkündet, daß Kaiser Karl wegen seines beispielhaften gottgefälligen Lebens und wegen seiner Verdienste um die heilige Kirche fortan zu den Heiligen Gottes gezählt und verehrt werden dürfe.

Nochmals segnen die Bischöfe den Schrein feierlich ein und führen ihn darauf in einer Prozession um das Münster und die Kaiserpfalz – ein erstaunlicher Zug: Vor dem Schrein die Geistlichkeit, die Bischöfe, Erzbischöfe, der Legat, dahinter der Kaiser mit seiner Familie, die Fürsten, die Gesandten, dazu Fanfarenchöre, Choräle und Hymnen und Glockengeläute …

Danach wird der Schrein im Münster zur Verehrung aufgestellt, drei Tage und drei Nächte lang finden ununterbrochen Gottesdienste und Fürbitten statt, und jeden Morgen kommt der Kaiser mit den Fürsten zur Messe, so lange der Reichstag dauert.

Vor allem aber läßt er gleich nach dem Fest im ganzen Reich eine Botschaft verkünden, mit der er »das heilige Geschehen zu jedermanns Kenntnis bringt«. Im ersten Teil dieses Textes erläutert er nochmals die Taten und Eigenschaften Karls, die nun mit seiner Heiligsprechung gewürdigt worden seien, und fährt dann fort: »Im Glauben an die ruhmreichen Taten und an die Vortrefflichkeit des heiligen Kaisers, ermutigt durch den Wunsch unseres teuren Freundes Heinrich, König von England, haben wir mit Zustimmung und Erlaubnis des Herrn Papstes Paschalis, nach Ratschlag aller weltlichen und geistlichen Fürsten, zum Preis, Ehre und Heiligsprechung des Kaisers Karl zu Weihnachten in Aachen einen feierlichen Hof gehalten. Dort war sein heiliger Körper aus Furcht vor Feinden versteckt, aber wir haben ihn dank der göttlichen Offenbarung entdeckt. Zum Lob und Ruhm Christi, zur Stärkung des Reiches, zum Heile unserer lieben Gemahlin, der Kaiserin Beatrix, und dem unserer Söhne Friedrich und Heinrich, haben wir ihn am 29. Dezember 1165 in einer großen Fürstenversammlung und im Beisein zahlreicher Kleriker und viel Volkes mit Hymnen und geistlichen Lobgesängen in Frömmigkeit und Ehrfurcht erhoben und gepriesen«.

Zugegeben, ein etwas seltsamer Bericht. Denn eigentlich war Karl stets und seit seinem Tod am 28. Januar 814 in einem Erdgrab unter dem Fußboden des Münsters bestattet, weshalb er wohl kaum gesucht und schon gar nicht dafür die göttliche Offenbarung bemüht zu werden brauchte. Doch solch fromme Übertreibungen waren damals durchaus üblich, zumal, wenn man dabei sich selbst als besonders bedeutsam und gottgefällig herausstellen konnte.

Und diese Möglichkeit nützte Barbarossa natürlich nur allzu gern, ebenso, wie er gleich auch noch seinen damals wichtigsten Verbündeten, den englischen König, rühmend erwähnte. Für den Staufer war eben alles – Politik.

Im übrigen zog sich dieser Aachener Reichstag doch über eine gute Woche bis zum Dreikönigstag hin. Zwar standen keine großen Fragen, sondern eine Vielzahl kleinerer Entscheidungen an, aber sie brachten dann doch ein höchst wichtiges Gesamtergebnis: Der Frieden im Land wurde allgemein und auf absehbare Zeit gesichert und zur weiträumigen Förderung von Handel und Verkehr zusätzliche und energische Maßnahmen beschlossen.

Und daß dann zum Abschluß der Kaiser »die liebe Stadt Aachen« unter seinen besonderen Schutz nahm, gehörte sich ohnehin.

Gottesgericht

Aber der neue Heilige konnte das Reich auch nicht vor weiterem Gezänk um Heinrich den Löwen schützen. Barbarossa mußte all seine Autorität einsetzen, um den Herrn Vetter zu verteidigen. Es wurde von Mal zu Mal schwieriger, sich vor diesen ewigen Unruhestifter zu stellen. Schon wurde nach dem kaiserlichen Gericht gerufen und recht laut gesagt, daß der unparteiliche Kaiser im Zweifelsfall immer Partei für den Löwen nehme …

Die Fürsten wurden immer unzufriedener, eine Entwicklung, die Friedrich gerade jetzt am allerwenigsten brauchen konnte, denn schon Mitte November 1165 war Alexander mittels erheblicher Gelder, die ihm der Normannenkönig zugesteckt hatte, nach Italien gekommen. Als Freund der Römer war er triumphal in die Ewige Stadt eingezogen.

Daß er von dort aus allmählich ganz Italien gegen alles Kaiserliche aufhetzen und mit den Veronesern und Venezianern zusammen eine ernste Gefahr für Reich und Krone werden würde, stand außer Zweifel.

Der Kaiser mußte so bald wie möglich wieder nach Süden – mit einem Heer, das Erfolg garantierte! Und erfreulicherweise sagten viele Fürsten spontan zu, trotz des Ärgers mit dem Löwen.

Aber ausgerechnet eben er, Heinrich, Herzog von Bayern und Sachsen, ließ wissen, daß er anderes zu tun habe und ganz und gar unabkömmlich sei!

Der Kaiser sagte nichts. Doch auch ohne Heinrich stand Mitte Oktober 1166 ein prachtvolles Heer auf dem Lechfeld. Die Männer des Böhmenkönigs waren wieder dabei, und aus Brabant hatte sich eine besonders schlagkräftige Söldnertruppe eingestellt. Man kam zügig voran. Zwar rechneten spätestens ab Trient alle mit Schwierigkeiten, doch nichts tat sich. Unbehelligt zog das Heer bis nach Lodi, wo Friedrich schon im November einen Reichstag hielt.

Die Enttäuschung

Dieser Reichstag war die große Hoffnung der Lombarden: Aus allen Ecken kamen sie herbeigeeilt, um dem Kaiser zu klagen, wie sie von den Beamten in seinem Namen ausgenommen und gepeinigt würden. Sie könnten nicht glauben, daß das in seinem Sinne und mit seinem Wissen geschähe.

Aber Friedrich schwieg. Später, auf dem Rückzug, könnte er diesen Klagen ja entsprechen und die Lasten verringern, doch gerade jetzt brauchte er ihr Geld. Er mußte die Söldner bezahlen, den Heerzug finanzieren – jetzt konnte er nicht nachgeben, jede Summe war verplant.

Friedrichs Schweigen aber war für die geplagten Lombarden der Beweis, daß er mit allem einverstanden war, daß alles auf seine Veranlassung hin geschah. Jetzt glaubten sie, ihren wahren Feind erkannt zu haben.

Gegen Rom

Der Kaiser ahnte nicht, was er bewirkt hatte. Er dachte jetzt nur daran, nach Rom zu ziehen, Alexander zum Verzicht zu zwingen, damit das Schisma zu beenden und dann sofort weiter nach Süden zu marschieren. Denn der Normannenkönig Wilhelm I. war schon im Mai verschieden, und sein Nachfolger Wilhelm II. taugte nicht viel.

Zunächst aber wurde das Heer geteilt: Eine Hälfte zog unter der Führung des Kaisers an der Adriaküste entlang, die andere unter Rainald von Dassel durch die Toskana nach Pisa und von da aus direkt nach Süden.

Im Mai des nächsten Jahres meldeten beide Teile ihren ersten Erfolg: Friedrich nahm den Griechen Ancona ab, Rainald das päpstliche Civitavecchia. Doch während nun Barbarossa quer durch das Land gegen Rom zog, kam die andere Hälfte des Heeres am 29. Mai bei Tusculum in Bedrängnis. Alexander bekam noch immer Geld von den Normannen, und damit hatte er nicht nur bisher die Römer bei Laune gehalten, sondern auch ein beachtliches Heer finanziert. Und dem standen nun die Kaiserlichen mit der halben Armee gegenüber! Die Alexandriner sollen ums Zwanzigfache überlegen gewesen sein.

Aber endlich hat Rainald von Dassel eine Situation, die ihm liegt. Er, immerhin seit längerem Erzbischof von Köln, singt zusammen mit dem Mainzer Erzbischof aus Leibeskräften »Christ ist geboren«, dabei stürmen beide auf die Feinde zu und hauen eine so breite Bresche, daß die Truppen hinter ihnen gleich mitten unter den Gegnern stehen. Der Anprall ist zuviel für Alexanders Leute: Sie geraten durcheinander, werden einfach überrannt, und wer noch dazukommt, läuft schleunigst davon.

Zweitausend liegen tot, dreitausend werden gefangen, und die Beute an Waffen und Geld ist ungeheuer. Beruhigt kann Rainald nun vor Rom lagern und auf den Kaiser warten.

Friedrich kommt mit Papst Paschalis, der endlich in Rom den Thron besteigen will. Eine kurze Erholungspause, Beratungen, sorgfältige Vorbereitungen, dann befiehlt Barbarossa Mitte Juli den Angriff auf die Leostadt.

Eigentlich hat er mit einem raschen Sieg gerechnet, aber die Belagerten wehren sich erbittert. Tag um Tag vergeht, ein Angriff nach dem andern wird abgeschlagen, und erst am 24. Juli bricht der Widerstand zusammen, können die Tore gesprengt werden.

Die Verteidiger haben sich jetzt um die Engelsburg, vor allem aber um die Peterskirche geschart, und sie kämpfen so verbissen, daß tagelang kein Vorankommen ist. Doch der Sieg zeichnet sich ab, und der Kaiser läßt Alexander nochmals ein Angebot unterbreiten: Beide Päpste, Alexander und Paschalis, sollten zurücktreten, damit ein neuer gewählt werden könne. Er, Friedrich, wolle dafür die gemachte Beute zurückgeben und alle Gefangenen freilassen. Aber Alexander lehnt ab, und Barbarossa läßt weiterstürmen.

Der vollkommene Triumph

Nach vier Tagen zähen Kampfes geben auch die letzten auf, und am 28. Juli zieht der Sieger mit Papst Paschalis in die Peterskirche ein.

Schon tags darauf, am 29. Juli, wird Paschalis feierlich inthronisiert, und während der Papstmesse krönt er den Staufer in prächtigem Zeremoniell mit einem Goldreif und überträgt ihm das Patriziat von Rom. Damit ist die weltliche Gewalt über die Stadt Rom vom Papst auf den Kaiser übergegangen! Zum ersten und einzigen Mal ist ein römisch-deutscher Herrscher wahrer Römischer Kaiser, die gefälschte »Konstantinische Schenkung«, aus der die Päpste ihre Rechte auf den Kirchenstaat ableitete, ist aufgehoben.

Und wieder drei Tage später: Mit allem Prunk, den die Kirche nur entfalten kann, wiederholt Paschalis die Kaiserkrönung und krönt auch die Kaiserin mit dem Diadem. Der Triumph Friedrichs von Hohenstaufen ist vollkommen. Feierlich leistet ihm der Senat von Rom den Treueid, in allen Vierteln der Stadt versammeln sich die Bürger, um vor kaiserlichen Legaten auf ihren neuen Herrn zu schwören. Boten und Gesandte bringen Ergebenheitsadressen der Fürsten des Umlandes.

Allerdings hatte man über all dem Krönen und Feiern vergessen, nach Alexander zu suchen, der noch immer in der Leostadt in einem Versteck saß. Doch es war ihm gelungen, als Pilger verkleidet auf ein Boot zu schlüpfen und irgendwann im Morgengrauen mutterseelenallein den Tiber hinunterzurudern. Auf halbem Weg legte er an und wanderte über die Berge weiter nach Süden bis ins normannische Benevent. Dort erst gab er sich wieder zu erkennen.

Diese Flucht war peinlich. Denn wie sollte der Kaiser nun einen Verzicht Alexanders erreichen? Das Schisma würde also noch lange weiterbestehen. Und an eine Verfolgung war nicht zu denken: Am Tag nach der Kaiserkrönung nämlich regnete es, nein, stürzten solche Wassermassen vom Himmel, daß alle Bäche und Gräben überquollen, die alten Rohre und Kanäle barsten und wahre Schlammfluten durch die Straßen schossen.

Das große Sterben

Glühend heiß und reglos flimmert die Luft. Aus dem Schlamm zwischen den Häusern steigt würgender, übelriechender Dunst, legt sich in einer gelben, ekligen Wolke über die Stadt. Die Sonne, die in der Morgenfrühe nach dem

Regen plötzlich hervorgebrochen ist, kann keiner sehen, aber sie sticht, sie sticht von diesem giftigen Himmel wie selten sonst im August. Die kleinste Anstrengung wird zur Qual.

Man kann kaum atmen, die Menschen schleppen sich mühsam an den Häusern entlang, Pferde taumeln, brechen zusammen. Denn da ist noch etwas anderes als Hitze und Gestank: Es fährt in die Knie, lähmt die Arme, verdunkelt den Verstand, brennt in allen Knochen wie Feuer! Einer nach dem andern sinken sie einfach um, greifen hilflos ins Leere und bleiben dann liegen, zuckend zuerst, schließlich ganz still – tot.

Zwar sind auch Römer darunter, aber vor allem trifft es die Leute des Kaisers in ihren Kettenhemden, schweren Kleidern, in ihrer völligen Ratlosigkeit gegenüber einem solchen Verhängnis. Ihre Quartiere sind voll von Kranken und Sterbenden, überall an den Ecken und Mauern kauern sie, stöhnen und ringen nach Luft.

Keiner ist davor sicher. Auch nicht der Bischof von Lüttich, ein Baum von einem Mann! Mit einigen Knechten quält er sich den Tiber entlang, er will helfen, retten, seine Priesterpflichten erfüllen – aber plötzlich greift er sich an den Hals, fällt vornüber. Jemand schreit, sie heben ihn vom Pferd, schleppen ihn zurück in die Herberge. Als sie ankommen, sehen sie, daß er nicht mehr atmet. Und von den Leuten haben sie unterwegs drei liegenlassen müssen, ebenso zwei Pferde.

Auch der Kaiser ist krank, er fiebert, mühsam hält er sich aufrecht. Noch hat man ihm das ganze Ausmaß des Unglücks verschwiegen. Aber als er nach seinem Kanzler verlangt und ihm gemeldet wird, Herr Rainald sei schon nicht mehr bei Bewußtsein, als er nach den anderen Herren fragt und hört, wie viele von ihnen krank und dem Tode nahe sind, da streicht er den Feldzug gegen die Normannen und befiehlt, sogleich den Rückmarsch nach Norden einzuleiten. Nur fort, fort aus dieser Fieberhölle!

»Gottesgericht«

Schon im Aufbruch sichert er noch die kaiserliche Herrschaft über die Stadt Rom durch einen bindenden Vertrag mit dem Senat. Dann, am 6. August 1167, zieht das kaiserliche Heer zwar geordnet und ruhig, aber erschöpft und viel, viel kleiner geworden aus der Leostadt gegen Norden nach Viterbo. Dort bleibt Papst Paschalis, der ebenfalls mitgereist ist, mit seinem Hofstaat zurück. Der Kaiser aber zieht Bilanz.

Sie ist bitter: Nicht nur der Bischof von Lüttich, auch der von Prag und der von Verden sind tot, Rainald und viele andere geistliche wie weltliche Herren hat man sterbend zurücklassen müssen. Mehrere 1000 Mann und fast ebenso viele Pferde hat die Seuche dahingerafft.

Wie hoch die Zahl der Toten wirklich war, wissen wir nicht, jedoch dürfte sie etwa bei 2000 gelegen haben. Die Ziffer von 25 000 gehört sicher ebenso zur Propaganda der Feinde Barbarossas wie all die anderen Greuelmärchen über seine »teuflische Grausamkeit«, über die plötzlich überall gezischelt wurde.

Denn jetzt, da der Gewaltige angeschlagen war, trauten sie sich hervor, jene, die ihn haßten, die ihn verwünschten!

Und sie verängstigten die Menschen mit dem heimtückischsten aller Argumente: Gott selbst habe den Übeltäter gezüchtigt, habe ihn der Vernichtung preisgegeben! Natürlich waren es die Freunde Alexanders, die man nun plötzlich im ganzen Abendland vernahm, und von ihnen schrie der Primas von England, Thomas Becket, am allerlautesten.

Denn dieser Mann, der heute längst zu den Heiligen zählt, verfolgte den Staufer, ja alles Deutsche mit geradezu abgrundtiefem Haß. Und nur wenige haben so unbarmherzig gejubelt über das schreckliche Unglück von Rom: »Seit Bestehen der Welt hat sich Gottes Macht nie klarer, seine Gerechtigkeit nie größer gezeigt, als indem er die Anstifter aller Frevel niederwarf und durch den schmählichsten Tod dahinraffte. Möchte er doch ihren Gebieter, der noch lebt, allem Volk zu Gespött machen, so daß auf ihn mit Fingern gewiesen würde! Der Herr hat Friedrich, den Hammer der Gottlosen, zermalmt!«

Verleumdungen sind noch immer die beste Waffe gewesen, besonders wenn sie im Mantel der Frömmigkeit auftreten: Schon nach wenigen Wochen hatte sich Barbarossas Bild von dem eines begnadeten Führers in das eines von Gott Verfluchten gewandelt. Und das war die eigentliche Katastrophe von Rom.

Gift?

Freilich ist bis heute nicht geklärt, welche Krankheit denn nun damals in Rom gewütet hatte. Daß es die Pest nicht gewesen sein kann, steht fest. Gegenwärtig meint man, an den Anzeichen die Malaria erkennen zu können, was nicht ausgeschlossen ist. Denn Rom galt schon immer als Fiebernest, zumal seinerzeit die großen Sümpfe im Westen noch nicht trockengelegt waren. Aber nie wieder hat eine Fieberwelle von auch nur annäherndem Ausmaß die Stadt heimgesucht, und brütendheiße Tage nach einem Wolkenbruch gab es sicher noch viele.

So taucht auch immer wieder die Vermutung auf, daß vielleicht Gift mit im Spiel gewesen sein könnte. Und das wiederum ist, zumindest theoretisch, durchaus denkbar: Man verseuchte die wichtigsten Brunnen und Trinkwasserstellen, aus denen sich die Kaiserlichen versorgten. Aber der mächtige Regen schwemmte die Giftstoffe an die Oberfläche und durch die Straßen, und am nächsten Tag stiegen sie mit dem verdunstenden Wasser auf, verbreiteten sich in der Luft …

Auch war Gift den Militärs im ganzen Mittelmeerraum so unbekannt nicht, bei den muslimischen Herrschern ebensowenig wie in Byzanz oder in Italien! Als etwa Barbarossas Sohn Heinrich VI. später Neapel belagert und den Sieg schon greifen kann, bricht in seinem Heer »ganz plötzlich« eine Seuche aus und zwingt ihn, nach Norden abzuziehen. Und nur vier Jahre nach Friedrichs »Gottesgericht« ereilt auch die Venezianer ein solches. Wegen einiger Bosheiten des Ostkaisers Manuel schicken sie ihre schon damals gefährliche Flotte gegen Konstantinopel, und trotz heftiger Gegenwehr der Griechen kreuzen die Schiffe aus den Lagunen schon bald in bedrohlicher Nähe der Hauptstadt. Doch dann müssen sie auf der Insel Skyros wegen der Winterstürme eine Pause einlegen, und dort bricht dann auch eine »Seuche« aus, die den armen Venezianern nur noch ein Viertel ihrer Mannschaft und ebensoviel Schiffe überläßt. Sie können nur noch fliehen –, ein Schicksal, das einige Jahrzehnte zuvor sogar die mächtigen Normannen ereilte. Auch sie waren schon dabei, gegen Konstantinopel zu marschieren, als ebenfalls eine seltsame Krankheit ihr Heer in wenigen Tagen vernichtete und selbst den großen Robert Guiscard dahinraffte. Zufall? Verhängnis? Die Anzeichen und Folgen dieser Seuchen jedenfalls gleichen sich erstaunlich. Vielleicht war der Ursprung solcher »Gottesgerichte« eben doch nicht ganz überirdisch?

Freiwild

So also reitet ein Kaiser nach seinem größten Triumph durch das Land: Ein kleiner Zug, in der Mitte die kaiserliche Familie, ein paar Fürsten und gerade so viele Ritter und Fußtruppen wie nötig, dahinter Kranke und Sterbende auf Bahren. Mühsam ist der Anstieg zum Kamm der Apenninen, auf den Col de Cisa, kaum einer spricht. Zu viele schon haben sie seit Viterbo begraben müssen, darunter auch des

Kaisers Vettern, den jungen Welf und den Schwabenherzog Friedrich, jenen jüngsten Sohn König Konrads, den Barbarossa als seinen Nachfolger vorgesehen hatte.

Die Masse des Heeres war schon wegen der Kosten gleich hinter Rom entlassen worden, eine wohl nicht ganz glückliche Entscheidung, denn nun wirkte der Kaiserzug so mutlos und schwach, daß er Feinde einfach anziehen mußte!

Und sie kamen: plötzlich auf der Paßhöhe ein Hagel von Steinen und Pfeilen, wildes, schreiendes Kriegsvolk von allen Seiten. Der überraschte Zug wehrt sich wütend, vor allem der Kaiser kämpft wie ein Löwe, und selbst die Kaiserin greift zu den Waffen. Und nach kaum einer halben Stunde ist der Spuk verschwunden, wie er gekommen ist. Nur unter den Kranken hat dieses ehrlose Gesindel Schreckliches angerichtet. Jetzt ist der Kaiser also Freiwild geworden.

Der Lombardische Bund

Zwar gab es danach keine Zwischenfälle mehr, auch wurde Friedrich in Pavia liebenswürdig und respektvoll aufgenommen wie immer, aber die Meldungen, die er dort hören mußte, waren schlimm. Seit seinem Abmarsch von Lodi hatten sich fast alle übrigen Städte zu einem Bund zusammengeschlossen, den sie den Lombardischen nannten. Die kaiserlichen Beamten waren verjagt, die Zahlungen eingestellt und aller Welt kundgetan, daß man nur noch gemeinsam mit dem Kaiser verhandeln und wenn nötig auch kämpfen werde und ihm nur zugestehen wolle, was er an Rechten vor dem Ronkalischen Reichstag gehabt habe.

Acht Städte gehörten diesem Bund bereits an, weitere würden beitreten, freiwillig oder gezwungen, das war abzusehen. Natürlich waren auch die Mailänder wieder in ihre zerstörte Stadt zurückgekehrt: die »ganze Lombardei« hatte die Befestigungen wieder instand gesetzt. Hatte sie die »ganze Lombardei« nicht auch einmal eingerissen? Doch das schien lange her.

Das also war die Lage: Offene Rebellion und genau der Beginn dessen, was er, Friedrich, vor allem hatte verhindern wollen, daß sich ein unabhängiges Gebiet zwischen den deutschen Reichsteil und Rom schob! Die Gefahr war ungeheuer, und er sah sie. Aber er hatte keine Truppen außer jenem Häuflein, das ihm die wenigen noch treuen Städte gestellt hatten. Und aus Deutschland konnte er nichts erwarten.

Die Flucht

Als der Januar 1168 zu Ende ging, mußte er endgültig die Unsinnigkeit jeder weiteren Aktion einsehen und beschloß, nach Deutschland zurückzukehren. Aber selbst das war ihm nur noch über den Mont Cenis von Savoyen nach Burgund möglich, alle anderen Pässe hielten seine Feinde besetzt. Hastig ordnete er das Nötigste und hetzte in einem Eilmarsch nach Susa, der letzten italienischen Stadt vor der Paßhöhe.

Es ist Abend, als der Kaiser mit seinem Gefolge Einlaß am Stadttor verlangt. Ehrerbietig wird er aufgenommen, kaum ist der letzte Mann eingeritten, werden die Tore eilig wieder geschlossen. Erst als die Nacht bereits hereingebrochen ist, wird ihm der Grund zugeflüstert: Das lombardisch gesonnene Stadtregiment plant ganz offensichtlich, ihn zu ermorden! Bald darauf bitten ein paar kaiserliche Knechte die Torwache, hinausgelassen zu werden, da sie für ihren Herrn in Grenoble Quartier bereiten müßten. Man gibt nach, die zerlumpten Gestalten schlüpfen hastig hinaus.

Als im Morgengrauen die Tür zur Kammer aufgebrochen wird, in der der Kaiser schläft, finden die Eindringlinge den Ministerialen Hartmann von Siebeneichen im Bett.

Barbarossa ist unter den Knechten gewesen, die man in der Nacht aus der Stadt gelassen hat.

Nun sind die Leute von Susa doch zu Tode erschrocken, und um nicht alles noch schlimmer zu machen, lassen sie die Kaiserin und das ganze Gefolge samt Herrn Hartmann schleunigst frei. Schon zwei Tage später kann Barbarossa seiner Beatrix vor Grenoble entgegenreiten.

Die Wende

Mâcon, Dôle, Besançon – der Weg durch das freundliche Burgund versöhnte ihn sehr. Aber als er nach Deutschland kam, war er fassungslos. Überall im Land loderten Streitereien und Fehden, in Sachsen war sogar ein richtiger Bürgerkrieg im Gang. Die Fürsten hatten eine mächtige Koalition gegen Heinrich den Löwen gebildet! Sofort lud Friedrich zu einem Hoftag nach Würzburg.

Und nun geschah das Unglaubliche – Heinrichs Gegner erschienen einfach nicht, ohne Erklärung, ohne Entschuldigung. So schwer also hatte das Ansehen des Kaisers gelitten, daß sie meinten, sich das leisten zu können. Doch Friedrich, wie erschrocken er auch gewesen sein mochte, reagierte klug: Er verlor über diesen Vorfall weiter kein Wort, sondern vertagte die Angelegenheit und machte sich auf den Weg durch das Land.

Das Reisen fiel ihm inzwischen schwer. Während der harten Jahre in Italien hatte er sich eine schmerzhafte Gicht zugezogen, die ihn gerade in diesen Monaten besonders quälte. Doch er durfte sich jetzt nicht schonen, und schon bald bekam er die Lage wieder in den Griff. Im Juni desselben Jahres konnte er erneut zu einem Würzburger Reichstag laden. Und diesmal kamen sie alle. Ja, er durfte es sogar wagen, die Streitereien in Sachsen für die Ereignisse in Italien verantwortlich zu machen. Hätte man ihm gleich Truppen geschickt, sähen die Verhältnisse dort anders aus! War es seine Überzeugungskraft, war es das schlechte Gewissen der Kampfhähne: In wenigen Tagen schon kam ein verbindlicher Waffenstillstand zustande. Daß der Löwe daraus wieder als Gewinner hervorging, wunderte schon niemanden mehr.

Dennoch, es herrschte Ruhe in Sachsen und bald auch wieder im ganzen Land. Von einer Minderung des kaiserlichen Ansehens war nichts mehr zu spüren. Und jetzt konnte Friedrich auch zwei entscheidende Probleme angehen. Wie versprochen, hatte er den kleinen Sohn König Konrads zunächst sorgsam erzogen, ihn später als Herzog von Schwaben eingesetzt und schließlich den Fürsten als seinen Nachfolger benannt. Doch eben auch auf diesen jungen Mann hatte der Tod von Rom seine Hand gelegt; nun war der schwäbische Herzogstuhl verwaist und die Nachfolge für die Krone wiederum offen.

Natürlich wollte Barbarossa beides seinem Hause erhalten und gab zunächst Schwaben an seinen ältesten Sohn Friedrich. Die Fürsten stimmten zu. Auch wählten sie am 24. Juni 1169 den zweiten Sohn des Kaisers, den erst dreijährigen Heinrich, in aller Form zum König. Mit der Krönung des Kindes am 15. August in Aachen stand die staufische Thronfolge endgültig fest. Die Übergabe der Macht würde ohne Schaden für das Reich erfolgen können.

Der Staufer hatte nur zwei Jahre nach der Katastrophe seine frühere Autorität wiedergewonnen. Er fühlte das überall, in Trier und in Nymwegen, in Frankfurt und Lyon. Italien lag weitab! Alle Welt schien erleichtert, daß der Kaiser nun auch für anderes Zeit hatte als für die lästigen Lombarden.

Hausmacht

Doch Friedrich war auf der Hut. So wohl diese Woge der Zustimmung auch tat, er wußte sehr genau, wie schnell sie umschlagen konnte und daß einzig auf ein solides, festgefügtes Territorium als Grundlage der Macht Verlaß war. Und nachdem der Versuch fehlgeschlagen war, Italien zum Kronland zu machen, mußte er sich in Deutschland eine Basis schaffen: Schwaben.

An sein eigenes riesiges Hausgut schloß sich im Norden sein ebenso großes salisches Erbland an, das nach dem Tod von Konrads Sohn nun ebenfalls an ihn gefallen war. Das gesamte linke Rheinufer war schon sein, von Basel bis Mainz! Nun mußte er noch dafür sorgen, daß die Besitzungen der aussterbenden Familien an ihn gingen, dann würde sich sein Traum vom Stauferland Schwaben verwirklichen lassen. Freilich war es nicht sehr sinnvoll, auf das uralte Recht zu pochen, wonach auch die persönlichen Besitzungen erloschener Familien, also der Großgrundbesitz, als erledigtes Reichslehen eigentlich wieder an den König zu fallen hatten. Unabsehbare Kämpfe mit entfernten Erben wären die Folgen gewesen. Deshalb ging Friedrich einen anderen Weg. Er ließ sich, sooft es nur ging, selbst zum Erben einsetzen. Er kaufte dem Letzten eines Geschlechtes dessen Ländereien einfach ab und bezahlte mit Geld, mit Würden und Ehrenstellen, oder was immer der Preis war.

Und das System bewährte sich glänzend! Den höchsten Gewinn allerdings warf ihm das Schicksal zu: Auch den Stammhalter der schwäbischen Welfen hatten sie tot in Italien zurücklassen müssen. Unter diesem Schlag zerbrach der Vater, der alte Welf. Er stürzte sich in ein unsinniges, maßloses Leben und verschleuderte sein Vermögen mit vollen Händen. Da das Bargeld bald zu Ende war, verkaufte er dem Kaiser zunächst Ländereien in Italien und schließlich den gesamten Welfenbesitz in Schwaben. Damit reichte das Stauferland im Osten bis zum Ammersee und im Süden bis zu den Alpenpässen.

Und weil nur vierzig Jahre später auch das ganze Gebiet der Zähringer dazukam, konnte Barbarossa von sich sagen, in doch recht kurzer Zeit ohne Kampf und ohne Krieg mit dem südlichen Franken und nahezu ganz Schwaben den staufischen Besitz als unerschütterliches Fundament der Königsmacht geschaffen zu haben. Eine elegantere Art, die Übermacht der Fürsten auszuhöhlen, war kaum denkbar!

Doch auch für das Land selbst war diese Entwicklung ein wahrer Segen. In wenigen Jahren erblühte das Gebiet zwischen Gelnhausen und Basel wie keine andere Gegend des Reiches. Ein Netz von Burgen entstand, die die Sicherheit der Städte und Dörfer, der Bauern auf den Feldern wie der Kaufmannszüge gewährleisteten. Breite Straßen, »Königsstraßen«, zogen sich den Rhein entlang, voll von eiligen Reitern, hochbeladenen Karren, bepackten Händlern und Bauern. Aus schäbigen Dörfern entwickelten sich Märkte mit respektablen Mauern und vollen Stapelhäusern. Das Handwerk blühte und entfaltete sich unter der Anleitung von Fachleuten, die der Kaiser selbst aus Italien kommen ließ. In Wimpfen und Gelnhausen entstanden neue Kaiserpfalzen, die Pfalzen von Hagenau und Kaiserslautern wurden ausgebaut: Strahlende Königssitze, in deren Gestaltung die Handwerkskunst allen Glanz, alle Kraft, alle innere Harmonie jener Zeit zusammenfaßte.

Die größte Aufmerksamkeit jedoch widmete Barbarossa noch immer der Landwirtschaft. Bis in die kleinsten Weiler ließ er die neuen Anbaumethoden verbreiten, kontrollierte

Barbarossa-Pfalz, Hofblick zur Torhalle mit Turm und Kapelle oberhalb der Torhalle. Rechts der Pallast.

Erträge, beriet über Ursachen von Erfolg und Mißerfolg – und ließ roden. Denn wenig störte ihn so wie die riesigen ungenutzten Wälder. Laufend verlangte er Nachricht vom Fortgang der einzelnen Rodungsvorhaben. Vor allem aber gestand er den Rodungsbauern weitgehende Sonderrechte zu, sicherte ihnen den Stand von freien Bauern nicht nur für sein Schwaben, sondern für das ganze Reich.

Ostpolitik

Für das ganze Reich – das hieß freilich auch für die Gebiete im Osten. Denn dorthin drängten damals die Menschen besonders: Die slawischen Fürsten zwischen Oder und Weichsel hatten bemerkt, daß die Kultivierung von Ödland Ackererträge und damit Steuern brachte. Also warben sie im volkreichen Westen, in Sachsen, in Holland und am Niederrhein um Siedler. Natürlich förderte Friedrich das nach Kräften. Zum einen dachte er nun einmal in den Maßstäben des alten, umfassenden christlichen Reiches, zum anderen entsprach das durchaus seinen wirtschaftlichen Plänen: War im Westen die Ernte schlecht, konnte sie im Osten reichlich sein und umgekehrt. Die Erträge ließen sich ausgleichen und Hungersnöte vermeiden – spätere Jahrhunderte gaben ihm recht.

Vor allem aber hatten für ihn auch die Slawen ihren Platz im Reich. Was galten schon Völker und Sprachen! Es gab so viel Verbindendes: die christliche Lehre, den Einfluß der Klöster und Bistümer, Kunst und Gelehrsamkeit, seit neuestem sogar Geld und Getreide. Der Fürst von Böhmen zählte schon seit zwei Jahrhunderten als Herzog zu den Reichsfürsten, ebenso der von Polen – auch wenn der sich zuweilen etwas sperrig gab. Nur bei den kleinen Stämmen zwischen Polen und Deutschland lagen die Dinge schwieriger, weil sie erst in den letzten Jahrzehnten endgültig christianisiert worden waren. Zwar wollte Friedrich ihren Fürsten nun dieselbe Stellung verschaffen wie dem Böhmenfürsten, aber Heinrich der Löwe hatte vollendete Tatsachen geschaffen. Nach der Unterwerfung der unruhigen Slawen an den Reichsgrenzen ließ er die Fürsten nicht auf Kaiser und Reich, sondern auf sich, den Herzog von Sachsen, den Treueid leisten.

Auf dem Frankfurter Hoftag im Januar 1170 blieb Barbarossa nur noch, diesen Herren wenigstens formell dieselben Ehrenrechte zu verleihen, wie sie die deutschen Fürsten besaßen. Ihre Abhängigkeit von Heinrich konnte er nicht mehr rückgängig machen.

König Heinrich?

Barbarossa war tief besorgt. Die Eigenmächtigkeiten des Sachsenherzogs wuchsen von Monat zu Monat und konnten nur eines bedeuten: Heinrich entfernte sich vom Reich. Der

Sachsenherzog war dabei, die vom Kaiser verliehene Macht zu nutzen, um den Kaiser vom Thron zu drängen.

Heinrich beteiligte sich nicht mehr an der Italienpolitik; er spottete darüber und deutete gelegentlich an, daß ihm die polnische Krone sicher gut stehen würde. Er behandelte die benachbarten Fürsten wie Vasallen, gegen den Dänenkönig brach er sogar einen Krieg vom Zaun und erpreßte dann den Treueid. Heinrich war eindeutig dabei, sich einen eigenen Machtblock zu schmieden, mit dem er sich die Krone zu erstreiten gedachte. Schon jetzt wurde Friedrich nur noch mit Sachsen befaßt, wenn es galt, die Feinde Heinrichs zu besänftigen.

Der Herzog führte sich vollends wie ein König auf, nachdem er am 1. Februar 1168 die englische Königstochter Mathilde geheiratet hatte – eine Verbindung übrigens, die ebenfalls von Friedrich vermittelt worden war. Die Hofhaltung des Welfen in Braunschweig stand der des Kaisers nicht nach, und als er im Januar 1172 zu einer Wallfahrt nach Palästina aufbrach, ließ er sich von 500 Rittern begleiten, die hohen Geistlichen und Edlen nicht eingerechnet.

Ein toter Bischof und die Diplomatie

Und eben jetzt, da der König sah, daß es irgendwann zum Kampf mit Heinrich kommen mußte, eben jetzt verkehrten sich die außenpolitischen Beziehungen nahezu in ihr Gegenteil.

In England war am 29. Dezember 1170 der fanatische Parteigänger Papst Alexanders, der Erzbischof Thomas Becket, ermordet worden – wie es hieß auf Anstiftung des Königs. Ein Aufstand tobte durch das Land, und der König konnte sich nur retten, indem er das Volk durch Alexander beruhigen ließ. Der Preis aber war natürlich, daß von nun an der englische Monarch kompromißlos auf der Seite Alexanders stehen mußte. Der französische König jedoch erkannte die prächtige Gelegenheit, gegen seinen englischen Kollegen und Erzfeind etwas ins Werk zu setzen. Er rief zum Kampf gegen den »königlichen Priestermörder« auf, tadelte Alexander, weil der sich mit dem Schächer seines getreuesten Freundes verbündet habe, und schlug sich in Windeseile auf die Seite Barbarossas als sein bester Waffengefährte und Bewunderer.

Um die Verwirrung vollständig zu machen, ließ auch der Griechenkaiser Manuel den Staufer wissen, daß er künftig weder mit Alexander noch mit dessen italienischen Verbündeten zusammenarbeiten wolle, sondern sich nunmehr ein vertrauensvolles Verhältnis zu seinem deutsch-römischen »Bruder im Amte« von Herzen wünsche. Und damit hatten sich die Fronten völlig verändert: auf der einen Seite Alexander, die lombardischen Städte, der Normannenkönig und der englische Herrscher, auf der anderen Seite er, der Kaiser, mit dem ganzen Machtblock von Dänemark bis Ungarn, der König von Frankreich und der Kaiser von Konstantinopel. Eigentlich war so der Sieg schon greifbar. Er mußte jetzt nur versuchen, Alexander von den lombardischen Städten zu trennen.

Obschon er in Rom den neuesten Gegenpapst Kalixt III. anerkannt hatte, schickte er dennoch eilends eine Gesandtschaft zu Alexander, die Möglichkeiten für einen Ausgleich zu erkunden. Natürlich durchschaute Alexander das Spiel und schickte die kaiserliche Delegation wieder nach Hause.

Aber noch während die Herren zurück über die Alpen reisten, erhielt Barbarossa eine vertrauliche Nachricht Alexanders mit der flehentlichen Bitte, doch um Christi willen alles zu tun, damit die Kirche endlich wieder zu ihrer Einheit finde.

Das Aachener Osterfest

Nicht einmal fünf Jahre liegen zwischen der hastigen Flucht des Kaisers aus Italien und diesen überwältigenden Märztagen des Jahres 1174: Friedrich Barbarossa feiert das Osterfest in der heiligen Pfalz Karls des Großen. Welche Feste, welche Turniere und Gastmähler schon eine Woche zuvor! Immer mehr Besucher kommen aus dem ganzen Reich, aus allen Ländern der Christenheit. Die halbe Welt schickt Delegationen und Grußbotschaften: die mächtigsten Herren des Abendlandes, die Fürsten von Kiew, der griechische Kaiser, sogar der Sultan von Ägypten, dessen Gesandte nie gesehene Geschenke vor dem Thron niederlegen und für den Sohn ihres Herrn um die Hand einer Kaisertochter bitten.

Als er am Ostersonntag mit der ehrwürdigen Krone und angetan mit goldenen Kaisergewändern in feierlicher Prozession zum Münster schreitet, umgeben von den Großen des Reiches, da stand Friedrich von Hohenstaufen auf dem Höhepunkt seiner Macht.

Und wieder: Italien!

Den Fürsten allerdings war wenig daran gelegen, schon wieder nach Italien zu ziehen. Sie hatten während der letzten Jahre gesehen, daß es gewinnbringender war, sich um die deutschen Angelegenheiten zu kümmern. Natürlich stimmten sie auf dem Reichstag im November 1173 in Worms zu, daß gegen die Entwicklungen in Italien eingeschritten werden müsse. Doch als sie dann dem Kaiser ihren Beitrag melden sollten, ließen sich fast alle entschuldigen. Im September 1174 brach der Staufer schließlich mit ganzen 8000 Mann gegen die lombardischen Städte auf.

Dabei lagen die Dinge in Italien so, daß auch noch bei der dreifachen Zahl Anlaß zur Sorge gewesen wäre. Der Veroneser und der Lombardische Städtebund hatten sich zusammengeschlossen, alle ronkalischen Gesetze für ungültig erklärt und jegliche kaiserliche Oberhoheit abgeschüttelt. Zum Zeichen ihrer Verbindung stand seit fünf Jahren – demonstrativ auf einem Stück Reichsland – die Stadt Alessandria, ihre »Bundesfeste«! Zwar hatten sie sich schon wieder zerstritten, doch die Angst, Papst Alexander – der Taufpate ihrer Bundesfeste – und der Kaiser könnten einen Separatfrieden schließen, hielt sie doch immer zusammen. Das Bündnis mit diplomatischen Mitteln zu sprengen, hielt auch Friedrich zu diesem Zeitpunkt für unmöglich.

Freilich stand Mittelitalien fest zu ihm. Die braven Römer hatten sogar Alexander aus Tusculum verjagt, als er sich dort einrichten wollte. Aber gegen den feindlichen Block zwischen ihrer Stadt und dem übrigen Reich·konnten auch sie nichts ausrichten.

Mit bösen Ahnungen führte Barbarossa seine wenigen Truppen in diesem Herbst 1174 durch Burgund und über den Mont Cenis hinunter in die Poebene. Er ließ zügig vorrücken. Nur vor der Stadt Susa machte er einen kurzen Halt. Er habe da noch etwas zu bereinigen, sagte er. Am nächsten Morgen war der Ort nur noch ein glimmender Aschenhaufen. Hier würde so bald keinem Kaiser mehr nach dem Leben getrachtet ...

Allerdings besserte sich seine Stimmung rasch: Von allen Seiten kamen Freunde und Truppen, die Markgrafen von Montferrat und Biandrate, die Bürger von Pavia, von Lodi und Pisa. Und schon hatte er wieder ein ansehnliches Heer zusammen. Doch nun machte er den ersten Fehler dieses Italienzuges. Statt sofort gegen Mailand vorzugehen und das Zentrum seiner Feinde lahmzulegen, befahl er den Angriff auf Alessandria, dessen Existenz er als persönliche Beleidigung empfand.

Er hatte die »Strohstadt«, wie er sie verächtlich nannte, unterschätzt. Nach sechs Monaten härtester Belagerung war er noch keinen Schritt weiter und mußte aufgeben, weil ein beachtliches Lombardenheer zur Entlastung der Belagerten heranrückte. Er wollte keinen Kampf, doch auch die Lombarden hatten Bedenken. Sie baten, als beide Heere sich schließlich vor der Burg Montebello gegenüberlagen, sogleich um Verhandlungen.

Der Kaiser war gnädig. Die Städte unterwarfen sich in aller Form, der Kaiser verzieh, Waffenstillstand wurde geschlossen. Alles sah nach einem vollständigen Sieg Barbarossas aus. Doch man vereinbarte auch, daß der eigentliche Friedensvertrag noch ausgearbeitet, die Heere aber sofort entlassen werden sollten. Und das war Friedrichs zweiter Fehler!

Denn plötzlich hatten es die Lombarden gar nicht mehr eilig mit einem Friedensvertrag. Im Gegenteil, sie schraubten ihre Forderungen ins Maßlose. Des Kaisers Position war kläglich. Sein Heer mußte er von jenseits der Alpen holen, die Lombarden konnten das ihre in wenigen Tagen sammeln.

Es kam zu Auseinandersetzungen, Friedrich fühlte sich bedroht, schickte nach Deutschland um Hilfe.

Chiavenna

Das Echo ist gering. Friedrich läßt bei Heinrich dem Löwen anfragen, ob er sich mit ihm nicht wenigstens treffen könne. Und weil der Löwe gerade in Bayern ist, gibt er lässig nach und reitet gen Süden nach Chiavenna. In den ersten Februartagen 1176 stehen sich dort die beiden Mächtigsten des Reiches gegenüber.

Der Kaiser schildert ruhig die Lage und bittet seinen Vetter um Truppen. Allein schon ein Kontingent aus Bayern und Sachsen könne alles klären. Doch Heinrich schneidet ihm das Wort ab: Er denke nicht daran, für ein so unsinniges Abenteuer auch nur einen Mann zu opfern. Der Staufer wird erregt: Ob denn alles umsonst sei, 20 Jahre Freundschaft, 20 Jahre kaiserlicher Schutz, 20 Jahre Nachsicht mit allem, was in Sachsen geschah? Da blickt Heinrich an ihm vorbei und sagt kalt: »Nun gut, wenn ich dafür Goslar bekomme!«

Das hat Barbarossa befürchtet. Goslar, das ist die letzte

kaiserliche Stadt in Sachsen, die Stadt der Ottonen und Salier. Wer hier residiert, ist Kaiser, ehe er das Amt hat. Wer Goslar weggibt, gibt die Hälfte seiner Krone! Besteht deshalb der Welfe auf seinem Verlangen, sagt er vor aller Welt den Kampf um den Thron an. Friedrich kann das nicht glauben, er beschwört, fleht – aber Heinrich bleibt unerbittlich.

Da verliert der Staufer die Fassung. Der Kaiser fällt vor seinem Herzog auf die Knie und bettelt, wenigstens diese eine, verhängnisvolle Forderung aufzugeben! Alle stehen erstarrt, auch Heinrich ist erschrocken. Doch ehe er noch fähig ist, etwas zu tun, spottet sein Truchseß: »Laßt ihn doch liegen, Herr, seine Krone kommt sowieso bald auf Euer Haupt!«

Damit sind die Brücken zerschlagen. Bebend vor Empörung hebt die Kaiserin ihren Gatten auf und sagt: »Steht auf, Herr. Dieser Mann ist es nicht wert, daß Ihr vor ihm kniet. Gott wird ihn richten!«

Danach gibt es nichts mehr zu bereden.

Die Niederlage

Barbarossa vergräbt sich in seinem Palast in Pavia, führt ein paar Scheinverhandlungen – und wartet. Endlich, im Mai, kommt ein Bote und meldet, daß der Erzbischof Philipp von Köln schon von den Alpen herunterziehe mit immerhin gut 1000 Mann.

Da atmet der Staufer auf. Er stürmt mit den wenigen Truppen, über die er verfügt, dem Erzbischof entgegen und will dann in einem Blitzüberfall das mailändische Heer, das am Alpenrand lagert, aufreiben. Denn er ist überzeugt, daß die Mailänder von der Ankunft seiner neuen Leute nichts wissen. Und das ist sein dritter Fehler! Denn die Mailänder sind natürlich unterrichtet, ihre Kundschafter waren schon immer ausgezeichnet. Und als er gerade mit Philipp zusammensitzt, ahnungslos im Lager Kriegsrat hält und mehr als die Hälfte seines Heeres viele Kilometer weit entfernt steht – da ist er es, der überrascht wird. Das ganze mailändische Heer tobt auf ihn zu, und er hat nur die Reiterei bei sich.

In der Schlacht, die jetzt losbricht, kann er zwar gleich richtig die feindlichen Reiter in die Flucht jagen, aber im Kampf mit dem Fußvolk gehen die Pferde durch, der kaiserliche Bannerträger stürzt, wird zertreten. Auf einmal ist auch der Kaiser nicht mehr zu sehen, seine Truppen gehen unter in einem fürchterlichen Chaos.

Am Ende sind Erzbischof Philipp, die Grafen Berthold von Zähringen und Philipp von Flandern gefangen – und der Kaiser verschollen! Mailand verfällt in einen wahren Siegesrausch.

Aber einige Tage später reitet Friedrich wieder in das jubelnde Pavia ein, und als er Heerschau hält, erweisen sich die Verluste als halb so schlimm. Nur, für unüberwindlich gilt er seit diesem Tag von Legnano nicht mehr.

Der andere Friedrich

Aber nun geschah das Erstaunliche: Während die Lombardei von Triumphgeschrei widerhallte, gab sich Barbarossa in seiner Pfalz zu Pavia zusehends gelassener, ja, er schien sogar belustigt. Seine Feinde verwirrte dies, und seine Freunde priesen, wie groß und beherrscht er doch sei. Wer freilich genauer hinsah, mußte bemerken, daß die kaiserlichen Diplomaten ungewöhnlich geschäftig waren, daß kaum ein Tag verging, an dem nicht Kuriere nach Burgund, nach Deutschland oder auf der bedeutungsvollen Straße nach Süden, nach Rom, jagten.

Und wer gerade letzteren folgte, konnte sehen,wie sie vor Rom einen Haken nach Osten ins Gebirge schlugen, wie sie nach Anagni hasteten, einem winzigen Flecken, in dem zu dieser Zeit – mehr schlecht als recht – Alexander residierte. Zwischen ihm und dem Kaiser nämlich waren die Kontakte immer heftiger geworden, und im Oktober 1176 schließlich zog eine gewichtige Gesandtschaft des Staufers auf der Straße nach Anagni: der Erzbischof von Mainz, der Erzbischof von Magdeburg und der Bischof von Worms. Die hohen Herren hatten den Auftrag, in aller Verschwiegenheit Friedensverhandlungen zu führen, und niemand war darüber glücklicher als Alexander.

Zwar meinte er anfangs, man solle doch auch die Lombarden hinzuziehen, aber als der Erzbischof von Mainz andeutete, daß es sicher Leute gebe, die aus reinem Eigennutz den Ausgleich zwischen Kaiser und Papst verhindern wollten, ließ er die Idee sogleich wieder fallen. Und entsprechend sah das Verhandlungsergebnis aus: Der Kaiser erkennt Alexander als den einzig rechtmäßigen Papst an; die weltliche Herrschaft über Rom, riesige Ländereien in Mittelitalien, um die sich Reich und Kirche seit langem stritten, fallen an den Papst; der Gegenpapst Kalixt bekommt eine Abtei, alle Bischöfe, auch die bisherigen Alexander-Gegner, bleiben im Amt; außerdem schließt der Kaiser Frieden mit den Normannen und mit den Lombarden.

Freilich war das nur ein Entwurf, ein Vorschlag. Die eigentlichen Abmachungen sollten später gemeinsam mit allen Beteiligten ausgehandelt werden. Aber bald schwirrten durch die Lombardei Gerüchte, der Papst habe mit Barbarossa einen Separatfrieden geschlossen. Die Aufregung unter den Städten wuchs täglich, einige suchten breits bei Friedrich um Gespräche nach, andere, vorab Tortona und Asti, liefen offen zu ihm über: Zwischen den Lombarden und Alexander tat sich ein Graben auf!

Der Staufer war's zufrieden. Sein Entschluß, in diesem Ringen um Italien künftig statt gewalttätiger Truppen, statt Brand und Mord die Waffe der Diplomatie einzusetzen, war offenbar doch nicht so falsch gewesen.

Der Friede von Venedig

Natürlich ließ Alexander den Städten eilends erklären, wie sich das alles ergeben habe und daß es ja nur ein Vorvertrag sei. Aber das Mißtrauen blieb. Doch als schließlich um die

Maimitte 1177 in Venedig die eigentlichen Gespräche zwischen dem Kaiser und seinen bisherigen Gegnern – dem Papst, den Lombarden und den Normannen – begannen, war der Block der Kaiserfeinde schon dabei auseinanderzufallen.

Friedrich residierte in Ravenna. Er durfte nicht nach Venedig, weil er ja noch immer – seit fast 18 Jahren – in Alexanders Kirchenbann stand. Zwar hatten sich bisher weder er noch der Papst selbst um diese Tatsache gekümmert. Aber nachdem nun endlich ein Schlußstrich gezogen werden sollte, wollte man in diesem Punkt wenigstens die Form wahren. Und so verhandelten in der Lagunenstadt Friedrichs beste Leute in seinem Namen. Da aber unablässig Boten zwischen Ravenna und Venedig hin und her eilten und er jede einzelne Entscheidung selbst fällte, war das ohne jede Bedeutung.

Die Verhandlungen zogen sich hin. Aber schließlich handelte man einen Waffenstillstand über 15 Jahre mit Sizilien aus, und das hieß praktisch Friede ohne irgendwelche Zugeständnisse. Mit den Lombarden kam es zu einem sechsjährigen Waffenstillstand, erst danach würde endgültig verhandelt werden. Das Unglaubliche war gelungen: Friedrich hatte seine Gegner getrennt!

Und der Papst? Nun, der einzige Friedensvertrag wurde mit ihm geschlossen, aber auch er bekam wesentlich weniger, als ihm der Kaiser in Anagni angeboten hatte. Besonders all die Ländereien blieben weiterhin beim Reich, sie wurden im Vertrag einfach nicht erwähnt.

Barbarossas »Friede von Venedig« war ein diplomatisches Meisterstück: Er hatte erfolgreich gegen drei Seiten gleichzeitig verhandelt und das nach einer Niederlage! Schließlich genehmigten alle Teile die Abmachungen, und der Papst bat die Republik Venedig, den Kaiser in die Stadt zu holen, ihm einen festlichen Empfang zu bereiten.

Und dann kommt der 24. Juli 1177. Über den Silberspiegel der Lagune gleitet eine strahlende Flotte: in der Mitte das goldene Staatsschiff des Dogen, ihm zur Seite prächtige Galeeren, die von einem ganzen Heer von Booten, geschmückt mit Blumen, Girlanden und Wimpeln umringt werden. Die Ruder blitzen in der Morgensonne, von den Türmen dröhnen die Glocken, eine unübersehbare Menschenmenge am Ufer jubelt »vivat« und »hoch«. Dazwischen tönen die Festgesänge der Chöre. Venedig begrüßt den Kaiser des Abendlandes!

Als die Schiffe am Kai von San Marco anlegen, geht er an Land, gefeiert wie ein Triumphator: »Il Barbarossa«, der heute der Kirche die Einheit wiedergibt. In einer prächtigen Prozession geleiten ihn der Doge, der Patriarch, die Kardinalbischöfe und unzählige Würdenträger vor die Markuskirche zur Tribüne. Dort wartet der Papst.

Die Begleiter treten zurück, Friedrich legt feierlich den Purpurmantel ab, seine goldenen Gewänder funkeln in der Sonne. Dann steigt er langsam und stolz die Stufen hinauf und kniet vor dem Papst nieder. Da laufen Alexander Tränen übers Gesicht, er erhebt sich, richtet den Kaiser auf, und die erbitterten Feinde zweier Jahrzehnte reichen einander die Hände, geben sich den Friedenskuß. »Te deum laudamus!« Die vielen tausend Menschen auf dem weiten Platz jubeln. Alle Glocken läuten. Die Christenheit ist wieder geeint.

Es ist ein atemberaubender Augenblick! Vor genau hundert Jahren, im Januar 1077, war ein Kaiser zum erstenmal vor einem Papst niedergekniet. Aber welch ein Unterschied zwischen jener verzweifelten, trostlosen Demütigung von Canossa und diesem Friedensfest. Hier in Venedig kniet einer nieder, nicht weil er es muß, sondern weil er die Einheit des Abendlandes will. Und die Verneigung gilt dem Vater, nicht dem Herrn. Die Lehre von den zwei Gewalten hat of-

169

fenbar wieder ihre alte Gültigkeit erlangt. Jene Lehre, die vor Canossa, vor jenem 28. Januar 1077 dem Abendland seine Ordnung gab und die da hieß, daß der Papst das geistliche und der Kaiser das weltliche Oberhaupt der Christenheit sei.

Auf die glücklichen Venezianer fällt die Gnade der Mächtigen: Alexander verteilt an alle Klöster und Kirchen so viele Ablässe und Privilegien, daß Venedig nach Rom die heiligste Stadt der westlichen Christen wird. Und der Kaiser öffnet den venezianischen Händlern sein ganzes Reich, sichert ihnen seinen besonderen Schutz zu.

Doch nicht nur das trug den Ruhm der Lagunenstadt in die Welt. Aus allen christlichen Ländern waren Fürsten und Gesandtschaften zu diesem Fest gekommen – die meisten mit hundert Gefolgsleuten und mehr. Der Kölner Erzbischof soll sogar vierhundert bei sich gehabt haben. Die Stadt war von Gästen überflutet. Aber die Venezianer verstanden es, sie alle zu versorgen und unterzubringen, ihnen mit Gelagen und Spielen den Aufenthalt so angenehm zu machen, daß noch viele Jahrzehnte danach das Lob der »wundersamen Meerstadt« durch ganze Europa ging.

Dabei war das noch lange nicht das Venedig, das wir heute kennen. Natürlich gab es schon die vielen Kanäle und die mächtigen Pfahlroste aus Tausenden von Baumstämmen, auf denen die Häuser standen. Doch welche Häuser! Schmucklose, ärmliche Ziegelmauern mit Dächern aus Stroh oder Schindeln, nur ganz selten eine Säule oder ein Bogen aus weißem Kalkstein, von Marmor noch keine Spur. Der Dogenpalast war ein düsterer Klotz mit drei plumpen Wachtürmen, an den Markusplatz grenzten häßliche Stapelhäuser, Hütten und Obstgärten, und die Markuskirche sah aus, als wäre sie aus einem Vorort von Konstantinopel hierher gebracht worden. Das Abendland bot wahrhaftig reichere, prächtigere Orte, aber dem Reiz dieser »Stadt im Wasser« konnte schon damals niemand widerstehen.

Selbst den Kaiser hielt es hier fast zwei Monate. Erst am 18. September 1177 reiste er nach Ravenna weiter. Und Alexander setzte seine Abreise sogar noch vier Wochen später fest; dann freilich segelte er direkt nach Süditalien, um von dort aus endlich nach Rom zu ziehen. Aber eben dieses Vorhaben erwies sich als schwierig: Gegenpapst Kalixt nämlich dachte nicht daran, den Stuhl Petri freizugeben, und die Römer weigerten sich, ihren kaiserlichen Herrn, unter dem es ihnen schließlich ausgezeichnet ergangen war, gegen Alexander einzutauschen.

Es bedurfte mehrerer persönlicher Botschaften Friedrichs und des Einsatzes seiner besten Diplomaten, ehe die Römer nachgaben, Kalixt sich unterwarf und Alexander schließlich am 12. März 1178 unter großem Gepränge von seiner Stadt Rom und dem Lateranpalast Besitz ergreifen konnte.

Das steinerne Konzil

Er war am Ziel, endlich! Aber was blieb ihm noch? 18 Jahre waren verloren, und wieviel hatte er tun wollen! Doch er wäre nicht Alexander gewesen, hätte er jetzt aufgegeben. Und so berief er für den 5. März 1179 ein Konzil, zu dem dann auch mehr als 300 Bischöfe aus dem ganzen Abendland zusammenkamen.

Dieses Konzil war sein großes Siegesfest, und die 27 Dekrete, die er durchsetzte, veränderten die Kirche tatsächlich:

Sie schalteten jeglichen Einfluß von Kaiser und Reich aus und machten alles rückgängig, was ohne seine, Alexanders, Zustimmung geschehen war. Sogar die Weihen, die die Gegenpäpste vorgenommen hatten, mußten nachgeholt werden, und den Papst durften künftig nur noch die Kardinäle wählen, selbst der Rat des Kaisers und die Zustimmung der Römer zählten nicht mehr.

Die Kirche mußte zusammengeschweißt werden zu einem ehernen Block, damit sie für den nächsten Waffengang mit dem Kaisertum gerüstet war. Deshalb durfte sie auch keine abweichenden Lehren dulden – von denen es freilich in der Zwischenzeit eine beträchtliche Anzahl gab. Die Verweltlichung des Klerus, das Ringen der Kirche nur noch um Macht, Einfluß, Besitz, das Verblassen der Werte, der eigentlichen Botschaft des Evangeliums trieben immer mehr Menschen dazu, die Erneuerung des geistlichen Lebens auf eigene Faust zu versuchen.

Die Pataraner waren da noch die einfachsten. Es gab sie vor allem in Oberitalien schon seit gut hundert Jahren. Sie griffen die »innere Verwahrlosung« besonders des höheren Klerus an und verlangten von ihm den Verzicht auf Macht und Besitz und die Besinnung auf die wahren Aufgaben der Seelsorge und der geistlichen Führung.

Weiter gingen die Apostoliker und die Publiker, die eine Rückkehr zum »reinen Leben der Apostelzeit« forderten und die Verkündigung der heiligen Schriften in den Volkssprachen.

Diese Ideen erweiterten dann die Waldenser. Nur drei Jahre vor dem Konzil von Petrus Waldes in Lyon gegründet, verbreiteten sie sich sogleich von Südfrankreich bis Norditalien. Sie lebten die Bergpredigt wörtlich, sahen in der Armut den Weg zur Vollkommenheit, verabscheuten die Todesstrafe, lehnten aber auch den Eid, die Lehre vom Fegefeuer, die Heiligenverehrung, die Ablässe und, ganz besonders, die hierarchische Kirchenordnung ab. Doch immerhin, auch diese Gruppe stand fest auf dem Boden des Neuen Testaments, wollte nur das »Hinzugewachsene« abstreifen.

Anders die Katharer, »die Reinen«. Sie formierten sich ab etwa 1050 in Bulgarien und griffen vor allem die Lehre der Manichäer aus dem 4. Jahrhundert wieder auf: Das Wesen der Welt sei der Widerstreit von Gut und Böse, die Aufgabe des Menschen, sich in diesem Widerstreit zu bewähren. »Erlösung und Eingang in das ewige Glück« könne nur durch Wissen, Erkenntnis und innere Reinheit erreicht werden, weshalb alles Störende vermieden werden müsse. Also entsagten sie allem Besitz, allen leiblichen Genüssen, vom Wein bis zur Ehe, pflegten als Kult nur noch Gebet und Fasten. Die Institutionen Staat und Kirche lehnten sie ebenso ab wie Gewalt und Todesstrafe, Christus sahen sie als einen Propheten, dessen Botschaft aus den Verfälschungen der Jahrhunderte gehoben werden müsse, weshalb sie das Alte Testament und Teile des Neuen verwarfen.

Die Katharer hatten sich rasch verbreitet, Bischofskirchen gegründet und besonders in Südfrankreich ein starkes Zentrum geschaffen. Dort fand 1167 auch in St.-Felix-de-Caraman ihr erstes großes Konzil statt, und ihre größte Gruppe in der Stadt Albi nordöstlich von Toulouse schob ihr Missionsgebiet schon gegen Mittelfrankreich vor, weshalb sich auch für die Katharer teilweise der Name Albigenser festsetzte.

In der Tat, es stand nicht gut um die Kirche, im Innern wie im Äußern, es war dringend notwendig, daß die Schwierigkeiten besprochen, die getrennten Teile wieder zusammengeführt wurden.

So dachten auch die Waldenser, weshalb sie nach Rom zu diesem Konzil kamen, um ihre Ideen und Vorschläge einzubringen.

Doch sie hätten wissen müssen, daß allein schon das Ansinnen, der Klerus solle auf weltliche Macht und Besitz verzichten, ihre Sache zum Scheitern verurteilte. Und so kam es denn auch. Papst Alexander machte allen Diskussionen zur Erneuerung der Lehre ein Ende, indem er die Konzilsväter veranlaßte, alle diese Lehren im ganzen zu verdammen, die Reformgruppen als Sekten, als Abspaltungen zu bezeichnen und mit dem Kirchenbann zu belegen. Damit waren sie sämtlich aus der Kirche ausgestoßen, und das hieß, daß sie auch jedes Recht, jeden Schutz der kirchlichen Gemeinschaft verloren. Nun konnte sie jeder überfallen, ihnen ihren Besitz wegnehmen, sie töten oder als Sklaven halten, wenn sie ein weltlicher Herr nicht unter seine Obhut nahm. Doch das war nicht zu erwarten, da diesem dann gleichfalls der Kirchenbann drohte.

In Italien wurden die »Ketzer« mit diesem Instrumentarium denn auch bald »bekehrt« oder beseitigt, doch in Südfrankreich schlug sich der Graf von Toulouse auf ihre Seite, nach dem englischen und dem französischen König der drittgrößte Territorialherr in Frankreich, ihm gehörte nahezu der ganze Süden. Deshalb rief Rom dreißig Jahre später zu den »Ketzerkreuzzügen« auf, an deren Ende der Graf von Toulouse sein ganzes Land verlor und die Waldenser, Albigenser und sonstigen Andersdenkenden fast völlig vernichtet, »ausgerottet« waren. Dem 1216 gegründeten Dominikanerorden übertrug 1231 der Papst das »Wächteramt über die reine Lehre« und damit die Aufgabe der Inquisition, der Erforschung und Befragung, ob ein Beschuldigter noch »den wahren Glauben habe«.

Die Schleusen waren geöffnet, nun begannen die blutigen Ketzerverfolgungen, mit Foltern, Morden, grausigen Hinrichtungen über mehr als vier Jahrhunderte, mündeten in die massenhaften Verbrennungen des 16. Jahrhunderts und in den unfaßbaren Hexenwahn, dem von 15. bis zum 18. Jahrhundert über eine Million Menschen zum Opfer fielen.

Dabei wiegt ebenso schwer, daß jeder, der nicht in den vorgeschriebenen Bahnen dachte, sich durch diese Entscheidung des Konzils selbst aus der Gemeinschaft der Kirche ausschloß. Und das bedeutete, zusammen mit den unablässigen Streitereien zwischen Kaiser und Papst, zwischen Päpsten und Gegenpäpsten, eine fortgesetzte Gewissensnot gerade der Besten und Ehrlichsten fast über ein halbes Jahrtausend.

Zwei andere Dekrete aber wirkten sich vielleicht noch schlimmer aus: Zum einen durften künftig keine Christen mehr mit Juden zusammenwohnen, zum anderen wurde es Christen ausdrücklich verboten, mit Geld Handel zu treiben oder gar Zinsen zu fordern.

Durch den ersten dieser beiden Erlasse wurden die Juden aus der Gemeinschaft der abendländischen Völker ausgestoßen und gezwungen, sich abzusondern und »anders« zu werden. Der zweite Erlaß drängte sie geradezu in den Geldhandel hinein. Denn die abendländische Wirtschaft kam ohne das Geldgeschäft nicht mehr aus, und so mußten die Juden diese Aufgabe übernehmen.

Sie taten es sicher nicht ungern. Aber die finanzielle Macht, die sich daraus ergab, und das erzwungene »Anderssein« wurden zwei ganz wichtige Wurzeln für jenen Haß, der 1290 zur völligen Vertreibung der Juden aus England, 1394 aus Frankreich, 1492 aus Spanien führte, zur Einrichtung der Ghettos nach venezianischem Vorbild, zu den vielen Progromen besonders in Osteuropa und schließlich zu den Verfolgungen unseres 20. Jahrhunderts.

Dieses Konzil hätte die Kirche erneuern sollen, aber es hat sie hart und unduldsam gemacht.

Alexander ging es um sein Ziel, und da war jedes Mittel recht. Schließlich hat er sogar den König von England dringend gebeten, Irland zu unterwerfen und zur englischen Provinz zu machen, weil es im Kirchenstreit zu den Gegenpäpsten neigte. Sein feierlicher Segen, den er dem König im Jahr 1171 nach vollbrachter Tat erteilte, steht am Anfang des langen irischen Leidensweges.

Doch seit Venedig wagte es niemand mehr, diesen Mann zu tadeln. Schweigend nahm die Welt seine Härte hin – bis auf die Römer! Schon gleich nach dem Konzil wurde er von ihnen aus der Stadt gejagt und starb am 30. August 1181 in einer schäbigen Burg außerhalb. Als der Leichnam zur Beisetzung wieder nach Rom zurückgeführt wurde, überhäufte ihn das Volk mit Schmähungen, bewarf ihn mit Kot, ja, es fehlte nicht viel, und die tobende Menge hätte ihn vom Wagen gezerrt und in den Tiber geworfen.

Hat Friedrich mit seinem Kampf gegen diesen Mann doch nicht so unrecht gehabt? Hat er ihn vielleicht doch besser gekannt, als die Unterlagen vermuten lassen? Jedenfalls stellte er noch vor dem Konzil alle deutschen Juden unter seinen Schutz. Drei Jahre danach bekräftigte er diese Verfügung und zog jeden, der dagegen verstieß, zur Rechenschaft – selbst den Kölner Erzbischof, als dieser von den Juden zusätzliche Abgaben zu erpressen suchte.

Ein verändertes Italien

Im übrigen äußerte sich Barbarossa nach den Tagen von Venedig nicht mehr zu kirchlichen Fragen, schon gar nicht zu den Beschlüssen des Konzils. Der so mühsam erreichte

Friede mit dem Papst war ihm viel zu wertvoll! Denn Alexanders Friedenskuß hatte die Stimmung in Italien verändert. Von den Freunden des Kaisers war ganz offensichtlich eine Last genommen, und seine Feinde hatten nun doch einigen Anlaß zum Umdenken.

Wo immer der Staufer auch hinkam, überall wurde er umjubelt und gefeiert, nirgendwo war mehr Widerstand gegen seine Anordnungen und Entscheidungen zu spüren. Im Gegenteil, als ihm Pila im Januar 1178 einen Empfang bereitete, der halb Italien erstaunte, ließ das Genua nicht ruhen.

Ein paar Wochen später wurde er auch dort begrüßt – in einem wahren Triumphzug! Die Stadt überbot sich, alles mußte noch prächtiger, noch aufwendiger sein als in Pisa. Und bei dem anschließenden riesigen Fest, das ihm zu Ehren stattfand, wurden ihm auch noch beachtliche Geldgeschenke gemacht. Das hatte sich Pisa nun doch nicht leisten können!

In diesen Tagen erreichte ihn auch die Nachricht, daß der Normannenkönig Wilhelm den vereinbarten Waffenstillstand in einer festlichen Zeremonie am Hof von Palermo beschworen hatte: Damit war ein hundertjähriger Zwist zwischen Kaiser und König zu Ende. Für die Genueser ein neuer Grund zum Feiern.

Noch einmal stach Genua Pisa aus. Ähnliches konnte keine andere Stadt bieten, aber das tat der freundschaftlichen Stimmung ringsum keinen Abbruch. Und da Friedrich bei allem, was er verfügte, nun sorgsam auf die Meinung der Bürger achtete, besserte sie sich noch von Tag zu Tag.

Der Hoftag in Turin, den er vor seiner Abreise nach Deutschland im Juni 1178 hielt, zeigte, daß er sich jetzt um Italien nicht mehr zu sorgen brauchte. Aus allen Teilen des Landes waren die Fürsten, die Kirchenherren und Gesandtschaften gekommen, kein Streitpunkt, den man nicht gemeinsam und in bestem Einvernehmen gelöst hätte. Sogar die Städte des Lombardenbundes hatten Grußadressen und Botschaften geschickt, und daß er den Waffenstillstand mit ihnen nicht jetzt schon in einen Frieden umwandelte, davor warnte eigentlich nur der kluge Taktiker in ihm. Wer hätte dies nach Legnano erwartet!

Nicht viel anders war die Stimmung in der Provence, wo er eine Woche nach diesem Hoftag eintraf. Auch hier fühlte er überall Hochachtung, ja Verehrung. Seine Herrschaft war fester gefügt denn je. Fast tat es ihm leid, daß er nun endgültig die Rhône hinauf nach Deutschland reiten mußte. Denn vor dem, was dort auf ihn wartete, fürchtete er sich fast!

Der Löwen-Prozeß

In Sachsen nämlich tobte inzwischen der Bürgerkrieg: Heinrich der Löwe war über den Bischof von Halberstadt hergefallen, und dieser hatte sich in seiner Verzweiflung mit dem Erzbischof von Köln verbündet. Weitere Fürsten und Grafen kamen ihnen zu Hilfe, und nun brannte das gepeinigte Land an allen Enden. Wieder einmal wurden Menschen vertrieben, Bauern erschlagen, Dörfer angezündet, wieder einmal wurde die Leistung von Jahrzehnten zerstört. Das mußte ein Ende haben, ein für allemal!

Schon zwei Wochen nach der Ankunft Barbarossas in

Denkmal Heinrichs des Löwen auf dem Burgplatz, errichtet 1166.

Deutschland stand Heinrich am 11. November 1178 auf einem Reichstag in Speyer seinen Feinden gegenüber; sarkastisch beschuldigte er alle Welt, seine Rechte angegriffen zu haben. Was die Gegenseite auch vorbrachte: Jedem Argument folgte ein Wutanfall des Löwen, und schließlich verlangte er vom Kaiser kategorisch, er solle endlich ein Machtwort sprechen. Und das Unerhörte geschah: Der Kaiser stellte sich nicht wie bisher vor seinen Vetter, sondern er sagte nur, die Angelegenheit sei zu schwierig, um gleich entschieden zu werden. Er wolle die Fakten durcharbeiten und bittet die Fürsten Mitte Januar des nächsten Jahres zu einem weiteren Reichstag nach Worms. Die Sensation war perfekt!

Nahezu alle deutschen Fürsten kamen nach Worms – nicht aber der Löwe. Da sprachen die Versammelten über ihn die Reichsacht. Sie sollte am 24. Juni 1179 auf einem Reichstag in Magdeburg verkündet werden, wenn er sich bis dahin nicht erklärt habe. Doch auch in Magdeburg erschien Heinrich nicht. Das Urteil wurde gültig.

Ein drittes Mal noch, im Januar 1180 in Würzburg, hätte er das Unheil, das sich über ihm zusammenbraute, abwenden können, aber wieder blieb er fern. Nun wurden ihm alle Reichslehen abgesprochen, seine Herzogtümer wurden aufgeteilt: Ostsachsen bekam der Markgraf Bernhard von Anhalt, Westfalen der Erzbischof von Köln, Steiermark wurde ein selbständiges Herzogtum, und Restbayern fiel an Otto von Wittelsbach.

Natürlich tobte der Löwe, aber Westfalen war bereits von den Kölnern besetzt, die bayrischen Fürsten sagten sich sofort von ihm los, und gegen Ostsachsen, wo er sich eingegraben hatte, setzte sich am 25. Juli 1180 ein Reichsheer in Marsch – unter der persönlichen Führung des Kaisers! Langsam rückte Friedrich vor, nahm Burg für Burg, Stadt für Stadt. Der Welfe kam immer mehr in Bedrängnis, und schließlich, am 10. August 1181, öffnete auch Lübeck, seine letzte Bastion, Barbarossa die Tore. Und Heinrich, noch zwei Jahre zuvor einer der mächtigsten Fürsten des Abendlandes, flüchtete bei Nacht und Nebel vermummt auf einem Kahn die Elbe hinunter. Das war das Ende. Er hatte verloren. Jetzt blieb ihm nur noch die Hoffnung auf kaiserliche Gnade.

Und das ist seine bitterste Stunde: In der Erfurter Kaiserpfalz sitzen die Fürsten am 16. November dieses Jahres 1181 zusammen und befinden über sein Schicksal. Der Bittsteller indes muß draußen warten, bis er gerufen wird. Als sich die schweren Türflügel dann für ihn öffnen, muß er an allen vorbei, die er einmal so sehr verachtet und verspottet hat - am Thüringer und am Lausitzer, am Brandenburger und an dem von Meißen. Der Weg von der Tür durch den ganzen Saal ist endlos … Wie sie ihn anstarren, schadenfroh und voller Hohn. Welch eine Schande, welch eine Demütigung. Endlich steht er vor dem Thron. Für einen Augenblick sehen sie sich an, der Kaiser und der Gestürzte, dann sinkt der stolze, unbeugsame Heinrich der Löwe auf die Knie, neigt sich vor, schlägt die Stirn auf den Boden und bittet um Gnade. Er weiß kaum, was er sagt, er denkt immer nur ein Wort »Chiavenna!«

Sicher denkt der Kaiser auch daran, aber der Anblick des Mannes zu seinen Füßen erschüttert ihn. Er springt auf, hebt den Knienden hoch, gibt ihm den Friedenskuß und sagt leise: »Heinrich, es wird alles gut!«

Doch die Fürsten sind unerbittlich: Heinrich, der vormalige Herzog von Bayern und Sachsen, verliert auf Lebenszeit alle Reichslehen, Eigengüter, Rechte und Würden und muß das Reich für drei Jahre verlassen. Mit Mühe erreicht der Kaiser, daß der Verfemte seinen Besitz in Braunschweig und Lüneburg behalten darf! Das harte Urteil erstaunt die Welt. Die Könige von England und Frankreich, der Graf von Flandern und viele andere Mächtige setzen sich für den Welfen ein. Aber Friedrich kann den Fürstenspruch nicht abändern: Ein halbes Jahr nach dem Kniefall von Erfurt geht Heinrich mit seiner ganzen Familie und großem Gefolge an den Hof des englischen Königs ins Exil.

Der Lombardenfriede

Die meisten seiner Zeitgenossen freilich waren davon überzeugt, daß Barbarossa die Rolle des Unparteiischen nicht ohne Hintergedanken gespielt hat: Sie sahen vor allem, daß der Kaiser so seinen mächtigsten und gefährlichsten Gegner gefällt hatte. Die ruhige Überlegenheit, die Klugheit, mit der er dieses Vorhaben zu einer Angelegenheit des ganzen Reiches machte, es völlig auf den Boden des Rechts stellte, beeindruckte seine Zeitgenossen gewaltig. Der Sturz des Löwen brachte dem Staufer einen mächtigen Gewinn an Autorität.

Vor allem in den lombardischen Städten war dieser erstaunliche Sieg das Tagesthema: Hatten sie ihn schon als militärischen Widerpart gefürchtet, so flößte ihnen nun der Diplomat Barbarossa geradezu Angst ein. Die sechs Jahre Waffenstillstand waren fast abgelaufen, und sie mußten ausgerechnet jetzt mit diesem Übermächtigen in endgültige Verhandlungen eintreten!

Asti und Tortona waren die ersten, die zaghaft um Vorverhandlungen baten. Und Friedrich kam ihnen entgegen. Beide Städte zeigten sich seit langem besonders anhänglich. Und hatte er ihnen damals, vor nun 27 Jahren, nicht doch sehr übel mitgespielt? Jetzt glich er manches aus. Die vielen Freiheiten und Regalien, die er ihnen verlieh, erstaunten in Italien und machten besonders den Leuten aus Alessandria Mut. Denn ihre Stadt war nun einmal als Symbol des Widerstandes gegen den Kaiser gegründet worden. Und so fürchteten sie nicht zu Unrecht, daß er darauf bestehen würde, ihre Stadt wieder auszulöschen! Aber der Staufer ging einen anderen Weg: Durch kaiserlichen Erlaß gründete er die Stadt neu, gab ihr den Namen »Caesarea« also »Kaiserstadt«, und beschenkte sie mit bevorzugten Rechten. Natürlich leisteten ihm die Einwohner voll Freude den Treueid. Und als sich Friedrich und die Vertreter des Städtebundes schließlich zu den eigentlichen Verhandlungen zusammensetzten, hätte das Gesprächsklima nicht besser sein können.

Fast alle Reichsfürsten waren anwesend, als am 20. Juni 1183 in Konstanz der Friede beschworen wurde: Die Städte bekamen Selbstverwaltung und freie Konsulwahl zugesichert und durften gegen eine jährliche Pacht die königlichen Rechte nutzen. Sie schworen ihrerseits dem Kaiser die Treue und traten in Verpflichtungen gegenüber der Krone ein, die in etwa denen der Fürsten entsprachen. 30 Jahre bitterster Kampf waren zu Ende, und das Reich war endlich zu einer mächtigen, harmonischen Einheit gelangt, die von allen Kräften getragen wurde.

Das Hoffest zu Mainz

Der Kaiser ging in sein sechzigstes Jahr. Es schien an der Zeit, daß er sein Haus bestellte. Sein Ältester war ohnedies bereits tot, und das Herzogtum Schwaben hatte nun sein dritter Sohn, ebenfalls ein Friedrich. Bei ihm, vor allem aber bei Heinrich, dem Thronfolger, sah er sein Erbe in guten Händen. Und da die beiden jungen Herren – Heinrich war inzwischen 19 und Friedrich 17 Jahre alt – nunmehr in den Ritterstand aufgenommen werden mußten, beschloß der Kaiser, die »Schwertleite«, die Verleihung des Ritterschwerts an seine Söhne, zu einem Fest für das ganze Reich zu machen. Allerdings sollte die Schwertleite nur der Anlaß sein: Dieses Fest mußte den strahlenden Glanz der abendländischen Kaiserkrone aller Welt sichtbar machen!

Sorgfältig ließ er vorbereiten, kümmerte sich selbst um jede Einzelheit. Und als sich am 20. Mai, dem Pfingstsonntag des Jahres 1184, die Sonne über Mainz aus den Wolken schob, begann Europa zu staunen. Am Rheinufer war eine riesige Zeltstadt entstanden mit einer hölzernen Kirche und eine Kaiserpfalz mit blauen, roten grünen, golddurchwirkten Zelten, mit Zelten aus Leinen und aus Seide, aus bestickten Häuten und kostbaren Fellen! Überall wehten die Fahnen und Wimpel der Herren und Mächtigen aus allen Ländern Europas.

An die 70 000 waren gekommen: Könige und Fürsten, Herzöge und Markgrafen, Barone, Erzbischöfe, Bischöfe und Äbte aus Frankreich und Spanien, aus England, Dänemark, Polen, Ungarn und aus dem Normannenreich, aus Italien und Burgund, aus allen deutschen Gauen. Sie hatten ganze Heerscharen von Gefolgsleuten mitgebracht, allein der Böhmenherzog zweitausend, der Kölner Erzbischof siebzehnhundert, und auch beim Landgrafen von Thüringen und beim Erzbischof von Mainz sollen jeweils mehr als tausend gewesen sein.

Doch der glänzende Mittelpunkt war ganz selbstverständlich der Kaiser. Und als er am Pfingstmorgen in einer prächtigen Prozession zum feierlichen Hochamt in die Kirche zog, im vollen kaiserlichen Ornat, umgeben von seinen Söhnen und den höchsten Fürsten der Christenheit, da gab es keinen, der ihn nicht als den Ersten unter den Königen, als den wahren Kaiser des Abendlandes anerkannt hätte.

Nach dem Gottesdienst begannen die Gastmähler, die Turniere und Ritterspiele, hielten die Fürsten Hof, zogen hochgeborene Dichter und Sänger von Zelt zu Zelt und priesen in kunstvollen Versen den Kaiser, seine Taten, seine Herren, sein Fest! An jeder Ecke Spaß und Spiel und Kurzweil, Gaukler, Possenreißer, Tanzmusikanten. Und am Abend loderten die Fackeln und Feuerpfannen auf, noch um Mitternacht war ein Leben wie am Tag.

Wenn überhaupt, dann konnte das nur noch durch die Schwertleite am folgenden Morgen übertroffen werden. Zunächst stellten die Kaisersöhne in Zweikämpfen unter Beweis, daß sie die ritterlichen Kampfspiele und Regeln beherrschten, dann überreichte der Kaiser jedem das mächtige Ritterschwert und schlug sie zu Rittern – mit einem leichten Schwertstreich auf die Schulter, wie es der Brauch verlangte. Bei dem übermütigen Turnier danach drängten sich die edlen Damen auf einer langen, prächtig geschmückten Tribüne, und unten im Feld maß sich jeder mit jedem. Sogar der alte Kaiser war mitten darunter: Er soll noch immer die meisten aus dem Sattel gehoben haben, auch wenn sie 40 Jahre jünger waren!

Europa staunte. Mit diesem Fest hatte Barbarossa nicht

nur die strahlende Macht seines Reiches demonstriert, er hatte auch die gesamte Ritterkultur seiner Zeit zusammengefaßt, sie zu einem ihrer Höhepunkte geführt. Kein Wunder, wenn der Troubadour Guiot de Provins dieses Mainzer Fest mit den Hoffesten von König Artus und König Alexander verglich, und der deutsche Minnesänger Heinrich von Veldecke schrieb:

Ich vernahm von keinem Feste
In aller Zeiten Märe,
Das ähnlich glanzvoll wäre
Wie des Äneis, nur eins
Kenn ich: das Fest zu Mainz
Das war schier unermeßlich,
Da unser Kaiser Friedrich
Gab zwei Söhnen das Schwert.

Mailand, Stütze des Reiches

Der erste Schlußstein war gesetzt. Aber noch einmal wollte der Kaiser nach Italien. Truppen allerdings brauchte er keine mehr, was dort unten zu klären war, ließ sich in freundschaftlichen Gesprächen regeln. Als er am 1. September 1184 nach Süden aufbrach, zogen deshalb vor allem seine besten Diplomaten und Fachleute mit ihm.

Drei Wochen später schon ritt er in Mailand ein – festlich

empfangen, ja umjubelt! Denn die Ergebnisse seiner geschickten Politik der letzten Jahre hatten die Mailänder geradezu begeistert. Und da die Zusammenarbeit mit ihm in der letzten Zeit ohnehin ständig enger geworden war, ergab sich ein gegenseitiges Schutz- und Trutzbündnis ganz von selbst: Aus Mailand, dem Feind, wurde der Garant und die Stütze des Reiches in Italien. Dabei lag der Tag von Legnano kaum acht Jahre zurück.

Daß des Staufers Verhandlungen überall sonst in den Städten sogar noch erfolgreicher verliefen, fiel schon gar nicht mehr auf. Jetzt war er wirklich König von Italien, vom Volk verehrt und als höchste Autorität anerkannt. Zudem: Der Normannenkönig hatte seinem Vorschlag zugestimmt, die beiden Herrscherhäuser zu verbinden. Für den 27. Januar 1186 wurde die Hochzeit seines Sohnes Heinrich mit Konstanze, der voraussichtlichen Erbin des süditalienischen Reiches, festgesetzt. Und dieses Ereignis, das vielleicht der Weltgeschichte einen neuen Weg weisen würde, sollte in Mailand stattfinden.

Die Kurie war entsetzt, Kardinäle hasteten durch ganz Europa, suchten Verbündete. Aber es half nichts! Der große Tag kam unerbittlich näher, an dem sich der Reichtum der Normannen mit der Macht der Staufer verband. Allein 20 000 Pfund Silber hatte die Braut als Mitgift nach Mailand gebracht, dazu 150 Maultiere, beladen mit Schmuck und Edelsteinen, mit Seide, Brokat und herrlichsten Pelzen.

Natürlich sorgte sich da der Papst! Zwar hatte Barbarossa versucht, ihn zu beschwichtigen, aber Papst Urban, der nun regierte, entstammte der Mailänder Familie Crivelli, und die haßte den Staufer abgrundtief. Als dann auch noch wenige Monate nach der Hochzeit der Normannenkönig Wilhelm alle seine Fürsten zusammenrief und sie den Treueid auf Heinrich und Konstanze schwören ließ, da war der Papst verzweifelt und versuchte, die deutschen Kirchenherren aufzuwiegeln. Aber auch das wollte ihm nicht recht gelingen. Und als er am 20. November 1187 starb, waren Kaiser Friedrich und sein Reich eine stärkere Einheit denn je zuvor.

Jerusalem

Eigentlich kann er doch so ziemlich zufrieden sein, der alte Barbarossa. Fast vier Jahrzehnte regiert er nun dieses Reich. Schwierige, stürmische Zeiten gab es dazwischen, weiß Gott. Und er war manchmal keineswegs sicher, ob er alles noch zu einem brauchbaren Ende würde bringen können. Doch zählt er jetzt so das Wesentliche zusammen, ergibt sich eine gar nicht so üble Summe. Denn genau besehen hat ja nur das wirkliche Bedeutung, was bleibt. Und eben das, was bleiben wird, scheint gut zu sein: Von der Nordsee bis zur Toskana herrschen Frieden, geordnete Sicherheit, wachsen aufstrebende Städte und Märkte, bringt fruchtbares, gutbestelltes Land erfreuliche Ernten, sind die Bauern zufrieden und die Dörfer wohlhabend, entfalten sich Handel und Gewerbe mit Macht, blühen Kunst und Wissenschaft. Vor allem aber: Diese ganze Entwicklung hat längst ihre eigene Kraft gewonnen, sie wird sich selbst weiter tragen und vervielfältigen, so, wie er es von Anfang an gewollt hat. Er darf sagen, daß das Reich nun wohl beruhigt in die Zukunft gehen kann.

Besonders auch, weil alles endlich klar gefügt und abgestützt, weil es kaum mehr gefährdet ist, weder von innen noch von außen. Im Gegenteil. Sein Reich liegt wie ein fester, ruhiger Block in einer reichlich aufgeregten Umwelt. So bröckelt etwa unübersehbar das Imperium des Heinrich von England. Nun gut, er herrscht immer noch von den Pyrenäen bis Schottland und damit über die ganze Westhälfte Frankreichs. Doch das alles ist längst keine Einheit mehr, es strebt auseinander.

Dabei hat es so vielversprechend angefangen – genau genommen schon 1066. Damals bemächtigte sich Wilhelm der Eroberer Englands und wurde König von England. Doch er konnte durchsetzen, daß er und alle seine Nachfolger weiterhin Herzöge der Normandie auf dem französischen Festland und damit Lehensmänner des Königs von Frankreich blieben. Auch der Enkel des »Eroberers«, Heinrich I., setzte die Tochter Mathilde zur Erbin von »England und Normandie« ein. Allerdings war diese Mathilde zunächst die Gattin des deutschen Kaisers Heinrich V., trat erst nach dessen Tod 1125 das Erbe an und konnte sich dann nur in der Normandie durchsetzen. In England herrschten Thronwirren. Dafür aber heiratete Mathilde in zweiter Ehe den Grafen Geoffrey de Anjou, dessen Besitz den größten Teil Mittelfrankreichs umfaßte und direkt an ihre Gebiete anschloß. Der Machtblock, der so entstand, war dann zwar beträchtlich, doch er bereitete dem König von Frankreich keinerlei Sorgen, da er dennoch ganz unter der Lehenshoheit der französischen Krone stand. Und auch als Heinrich, der Sohn von Mathilde und Geoffrey, das beachtliche Erbe übernahm, gab es keinerlei Schwierigkeiten: Der junge Herr Heinrich leistete dem französischen König Karl VII. sogleich brav den Lehenseid, war somit Herzog der Normandie und Graf von Anjou und also mächtigster Kronvasall. Daß ihm mit seinem Erbe auch der Anspruch auf den englischen Thron zugefallen war, zählte zu jenem Zeitpunkt nicht weiter.

Aufregend wurde das alles ja erst, als ihm 1152 Frau Eleonore von Aquitanien die Heirat anbot. Aquitanien, das war das gesamte Südwestfrankreich, nahezu selbständig und grenzte direkt an sein Territorium. Natürlich griff er zu, und natürlich war er damit Herr über mehr als das halbe Frankreich. Und als er ab 1154 auch noch die englische Krone trug, war der gesamte Westen Europas »sein«.

Dennoch aber verstand er sich stets als französischer Normanne, sprach französisch, proveçalisch, italienisch – nicht aber englisch und hielt sich nur ganz selten in England auf. Was freilich nicht bedeutete, daß er sich um dieses Land nicht gekümmert hätte. So machte er Schottland lehensabhängig und verband es mit England, leitete die Eroberung von Irland und Wales ein, ordnete und vereinheitlichte die Gerichtsbarkeit und schuf das »allgemeine englische Recht« – womit ihm genau das gelang, was Barbarossa in Deutschland versagt blieb.

Heinrichs Traum blieb letztlich die französische Krone. Oder doch zumindest eine völlige Lösung seines Gebiets vom französischen König. Nicht umsonst nannte er sein Imperium das »angevinische Reich«, nach seinem väterlichen Familiennamen Anjou. Und nicht umsonst versuchte er ,den Grafen von Toulouse zu unterwerfen, der den gesamten Süden Frankreichs fast unabhängig beherrschte. Wäre ihm das gelungen, hätte er zwei Drittel Frankreichs »angevinisch« nennen und mit dieser Übermacht den Franzosenkönig Karl VII. wohl doch zur Kapitulation zwingen können. Doch es gelang ihm nicht.

Wie er auch sonst in Frankreich mit keinem seiner Pläne wirklich weiterkam. Denn wollte er Entscheidendes unternehmen, brauchte er die Unterstützung des Adels seines Territoriums und die Hilfe der Kirche. Und beide erkannten ihn zwar natürlich als ihren französischen Lehensherrn an, doch ihr Oberherr war für sie nach wie vor ihr König Karl. Ganz abgesehen davon, daß ihnen als selbstbewußten Franzosen auch nur eine teilweise Aufgabe der Selbständigkeit Frankreichs oder gar eine Abhängigkeit von England einfach unvorstellbar erschien. Ja, Heinrich konnte nicht einmal eine einheitliche Verwaltung für das Gesamtreich durchsetzen. Den meisten französischen Gebieten mußte er ihre gewohnte eigene Administration lassen. Und irgendwann ließ sich die Erkenntnis nicht mehr vermeiden, daß dieses sein »angevinisches Reich«, dieses englisch-französische Gebilde wohl eine Episode bleiben und spätestens nach seinem Tod wieder zerfallen werde.

Es ist ein äußerst ärgerliches Ergebnis, dem sich der König Heinrich II. von England damit gegenüber sieht. Und eigentlich bleibt ihm nur noch, ständig darauf zu achten, daß das Ganze nicht zu früh auseinanderbricht und er wenigstens bis zum Ende seiner Tage der mächtigste Herrscher des Abendlandes bleiben kann, nach dem Kaiser natürlich. Und daß er sich dessen Freundschaft auch weiterhin rühmen kann. Denn immerhin haben sie beide doch über drei Jahrzehnte eine ausgezeichnete Verbindung gepflegt, auch wenn er dazwischen zeitweilig dem Papst nachgeben und als Schwiegervater Heinrichs des Löwen stets die Mitte halten mußte zwischen Friedrich und dem Welfen. Doch insgesamt arbeiteten sie immer recht gut zusammen im »heiklen politischen Spiel«, haben sich ergänzt und verstehen sich nun, da alle Wirren der letzten Jahre sich gelegt haben, so prächtig wie nie zuvor.

Da waren die Beziehungen des Staufers zu Frankreich, oder besser zu Restfrankreich schon weniger einfach. Denn König Karl VII. igelte sich nach der plötzlichen Auflösung seines Reiches zunächst fassungslos ein. Zumal er niemandem die Schuld an diesem Unglück geben konnte als nur sich allein: 1148 hatte er seine Königin Eleonore von Aquitanien auf den Kreuzzug nach Palästina mitgenommen.

Und dort, im Heiligen Land, meinte er plötzlich, sie habe ihn mit dem jungen Fürsten von Antiochien betrogen. Niemand konnte ihn umstimmen, er reichte die Scheidung ein, und der Papst trennte die Ehe »wegen zu naher Verwandtschaft«.

Die beleidigte Eleonore aber wußte sich zu helfen. Sie nahm ihr Aquitanien, heiratete dann eben 1152 den Heinrich von Anjou und sorgte dafür, daß dieser ihr nunmehriger Gemahl seine englischen Thronrechte wahrnahm und zwei Jahre später, 1154, zum König von England gewählt und gekrönt wurde: Frau Eleonore hatte ihrem Heinrich das »angevinische Reich« geschaffen und damit ihren ehemaligen Gatten Karl gleichsam über Nacht um fast zwei Drittel seines Reiches gebracht – eine wahrhaft königliche Rache.

Wie ihm von Frau Eleonore beim Abschied vorhergesagt worden war – der bedauernswerte König Karl wurde seines Lebens nicht mehr froh. Doch immerhin gab er nicht auf. Er spann vielmehr eifrig seine Fäden zum Adel im englischen Gebiet, spielte geschickt im Streit zwischen Kaiser und Papst und wartete im übrigen, bis sich die Dinge für ihn wieder besserten. Daß Heinrich sein Erzfeind war, stand dabei fest. Doch auch dem deutschen Barbarossa mißtraute er von Herzen. Hatten die beiden nicht ein Bündnis? Sie müßten keine Politiker sein, wenn sie nicht planten, sein Restfrankreich unter sich aufzuteilen, sobald sich nur eine Gelegenheit dafür bietet.

Und auch wenn es ihm irgendwann für kurze Zeit durch die Vermittlung von Papst Alexander gelang, die beiden Herren zu trennen – die grundsätzliche Lage änderte sich deshalb für ihn nicht, und er hütete sich tunlichst vor allen Umarmungsversuchen des Staufers, bis zu seinem Tod 1180.

König Karls Nachfolger freilich, Philip II. August, sah die Dinge nicht ganz so. Er wußte sehr wohl um die Schwäche des »angevinischen Reichs« und war entschlossen, ganz rasch wenigstens einen Teil wieder unter die französische Krone zu bringen. Er brauchte nur den Tod des Königs Heinrich abzuwarten und dann dessen Erben die erneute Vergabe der Lehen zu verweigern. Da war der Ärger natürlich vorauszusehen – und der Kaiser dann als wohlwollende Autorität von unschätzbarem Wert. Also schlug er Friedrich einen Freundschafts- und Beistandsvertrag vor, ein Angebot, das dieser wiederum nur zu gerne annahm. Schließlich stärkte ein solches Abkommen nicht zuletzt gegenüber Rom seine Position beträchtlich.

England, Frankreich – Kaiser Friedrich kann im Westen auf echte Freunde zählen, ebenso wie im Süden, wo die Normannen nun immer näher ans Reich rücken, oder auch im Osten: Alle Anrainer dort sind Vasallen oder Verbündete.

In der Tat, er hat ein meisterhaftes Geflecht geknüpft, dessen Wirkung sich denn auch der neue Papst beugt. Er lenkt ein, gibt sich verbindlich. Und also drohen dem Reich auch von dieser Seite vorerst keine Schwierigkeiten mehr.

Es ist wirklich alles gut, ringsum.

Byzanz!

Vollends keine Sorgen schließlich macht Konstantinopel. Dort ist die Lage so schlimm, daß wohl niemand mehr eine Lösung weiß. Aber das zeichnete sich eigentlich längst ab, schon die ganzen letzten Jahrhunderte. Dieser wenig beneidenswerte Ostteil des Imperium Romanum, dieses Oströmische Reich und seine Kaiser mußten den ersten entscheidenden Schlag ja bereits um 650 hinnehmen, als das gesamte östliche und südliche Mittelmeergebiet samt Ägypten und Palästina an den Islam verlorenging und das Staatsgebiet auf den Balkan und Kleinasien zusammenschmolz. Jedoch auch dieser Rest blieb bedroht, und während alle Kräfte an der Ostgrenze die Angriffe der Perser und Araber abwehren mußten, drangen slawische Völker über die Donau und setzten sich auf dem Balkan fest, Bulgaren, Serben, Kroaten.

Sicher, das alles zog sich über fast zweihundert Jahre hin, mit wechselndem Glück. Auch konnte Konstantinopel durchaus im wesentlichen seine Oberherrschaft über diese slawischen Reiche sichern. Doch das änderte wenig an der Tatsache, daß der Balkan verloren blieb und das eigentliche Staatsgebiet des oströmischen Kaisers auf Griechenland, Mazedonien und Kleinasien beschränkt.

Bis zum Jahr 1071. Da rannten im Osten die türkischen Seldschuken gegen die Grenzen. Der Kaiser Romanos stellte sich ihnen entgegen und wurde nahe dem kleinen Ort Mantzikert so vernichtend geschlagen, daß die Seldschuken fast ungehindert vordringen und 1080 in Anatolien das muslimische Sultanat Rum mit der Hauptstadt Ikonion errichten konnten. Nun war für Konstantinopel von Kleinasien nur noch der Westteil und die Küstengebiete übrig.

Als im Jahr 1143 schließlich der Kaiser Manuel die Krone übernahm, wußte er sehr wohl, wie gering die Möglichkeiten waren, hier noch etwas zu bewegen. Aber er war ein energischer Herr und erreichte anfangs tatsächlich eine Festigung aller Grenzen und schlug sämtliche Angriffe ab. Dann freilich versuchte er vergeblich, wieder in Italien Fuß zu fassen, ruinierte mit diesen Aktionen seine Finanzen und verlor schließlich 1176 an die Seldschuken einen weiteren

Teil Kleinasiens. Als er 1180 starb, hinterließ er seine zerrüttete Wirtschaft – und ein noch kleiner gewordenes, unsicheres Reich.

Dennoch, dieser Herrscher hat zweifellos eine Epoche geprägt. 37 Jahre regierte er, von 1143 eben bis 1180: Auch er also ist ein Weggefährte und Widerpart Barbarossas, wie Heinrich II. von England, wie Karl VII. von Frankreich. Und diese lange Regierungszeit hat zudem dazu geführt, daß der Name des Kaisers Manuel inzwischen weniger für die eher unerfreulichen politischen Fakten steht, sondern vielmehr für das, was er all die Jahrzehnte verkörperte, für – Byzanz.

Byzanz aber, das ist im Westen kein Wort für den Alltag, das steht für etwas irgendwie Unbeschreibbares, Fernes, Wundersames, für Glanz, Gold und märchenhaften Luxus. Rom mag gegen die »Häretiker, die Gottesfeinde in Konstantinopel« noch so wüten, die Zauberstadt am Bosporus lockt, fesselt die Abendländer wie je. All das Hoffnungslose, Bedrohliche rings um sie, das hat einfach kein Gewicht, vielleicht, weil auch diese unglaubliche Stadt selbst es so hält.

Denn das ist an diesem Reich Byzanz wohl das Erstaunlichste, es setzt sich gleich mit seiner Hauptstadt. Und diese Hauptstadt hat die politische Wirklichkeit einfach lächelnd abgestreift, strahlt als Zentrum von Kunst, Geist, höchster Lebenskultur in die Welt, feiert, zelebriert, genießt sich selbst, als ob sie noch immer die Kapitale des Erdkreises sei.

Denn das war sie einmal, so wurde sie überhaupt gebaut, von jenem 11. Mai 330 an, als Kaiser Konstantin der Große seinen Regierungssitz hierher an die Nahtstelle zwischen dem Mittelmeer und dem Schwarzen Meer verlegte und das kleine Byzantium zum strahlenden Konstantinopel formte, zur neuen christlichen, wenn auch in ihrem Stil noch ganz römischen Hauptstadt.

Doch schon zweihundert Jahre später, unter Kaiser Justinian, entwickelte sich ein ganz neues Formgefühl, das alle Lebensbereiche durchdrang, umgestaltete, entwickelte sich schließlich eine völlig neue, eigene Kultur, aus Östlichem und Westlichem, aus Orient und europäischer Antike: riesige Kuppelkirchen und Paläste, mosaiküberzogen, mit Blattgold bedeckt, starr-erhabene Formen, seidene, brokatene Gewänder, geistliches und weltliches Gerät aus Gold, Edelsteinen, Kunsthandwerk in höchster Vollendung, vielstimmige Vokalmusik, Dichtung und Philosophie im Geist der alten Griechen und der Weisen Mesopotamiens.

Ungeheurer Reichtum sammelte sich an, wurde genossen in marmornen Sälen, Gemächern aus Rosenholz, Blumengärten mit Wasserspielen und exotischen Vögeln. Der geradezu überirdischen Pracht der Liturgie in den Kirchen entsprach die Pracht des Zeremoniells am Kaiserhof, alles gipfelte, bündelte sich in der Person des Kaisers, dem höchsten geistlichen und weltlichen Herrn des Reiches. Er stand an der Spitze der Gesellschaftspyramide, unter ihm der Patriarch, der Adel, der Klerus, die anderen Stände.

Alles hatte seinen Platz und schien nur die Aufgabe zu haben, der Pracht, dem Glanz, der Schönheit zu dienen. Ein Wundergebilde war entstanden. Und mochte die Stadt selbst auch weiterhin Konstantinopel heißen, die Kultur erhielt den Namen Byzanz, man sprach von der byzantinischen Kunst, der byzantinischen Wissenschaft, der byzantinischen Lebensform, das Reich wurde zum »Reich von Byzanz«, die Kirche zur »Kirche von Byzanz«.

Allerdings, so allmählich gleitet auch die Bezeichnung »griechisch« dazwischen, wird vom Griechenkaiser geredet, vom Griechenreich, von der griechischen Kirche – jedoch mit vollem Recht. Nicht nur, weil das Griechische die Staatssprache ist, weil im Reich nur noch Griechen wohnen: Die Kultur von Byzanz ist eine Schöpfung, eine Leistung allein der Griechen, ist der zweite glänzende Beitrag dieses Volkes zur Weltkultur.

Und: Byzanz wirkt weiter. Es wird verehrt wie immer, gerade von den Slawenvölkern – und da besonders von den Russen, die ja alles übernommen haben, vom Glauben bis zum kaiserlichen Zeremoniell. Und die diese zweite Kultur der Griechen wohl noch sehr weit tragen werden ...

Byzanz. Kein Wunder, wenn es abgehoben über der Wirklichkeit schwebt. Aber es ist zu vermuten, daß es nun, bald acht Jahre nach Manuels Tod, doch irgendwann mit den Tatsachen zusammenstoßen wird. Die Feinde ringsum, die Serben, Bulgaren, Seldschuken drängen vor. Und im Kaiserpalast von Konstantinopel herrschen Ratlosigkeit, Verwirrung und selbstmörderische Intrigen.

Auch das ist Byzanz. Barbarossa weiß das nur zu gut. Und baut es eben in sein Konzept ein. Hilfe kann er ohnehin keine bieten, schon weil sie gar nicht gewünscht wird. Immerhin soll ja im Augenblick die Stimmung wieder einmal nicht sehr westfreundlich sein. Doch das kann rasch umschlagen und zählt zudem nicht.

Palästina

Wichtig ist ihm allein, daß nun alles fest und geordnet steht, das ganze Reich, sowohl im Innern als auch im Äußern. Auf diesem Hintergrund kann er den Bitten des neuen Papstes nachgeben und sich dabei den eigenen Herzenswunsch erfüllen: Er wird die wohl letzte Aufgabe angehen und einen großen Kreuzzug zur endgültigen Befreiung der heiligen Stätten in Palästina wagen.

Auch fügt es sich gut, daß ihm das gerade jetzt möglich ist, denn die Verhältnisse im Heiligen Land sind schlimm genug. Als am 15. Juli 1099 Jerusalem von den Kreuzrittern erobert und das heilige Königreich errichtet war, jubelte das ganze Abendland in der Überzeugung, daß nun Palästina für alle Zeit im Besitz der Christenheit sei.

Und tatsächlich nahm sich das Sicherungssystem, das die Kreuzfahrer jenes ersten Zuges eingerichtet hatten, recht überzeugend aus. Entlang der ganzen östlichen Mittelmeerküste zogen sich lückenlos ihre christlichen Staaten: Von Akaba bis Beirut das Königreich Jerusalem, daran anschließend die Grafschaft Tripolis, dann das Fürstentum Antiochia, das gegen Westen an das Königreich Kleinarmenien grenzte und im Osten in die Grafschaft Edessa überging, die immerhin das ganze Land am Oberlauf des Euphrat umfaßte und fast so groß war wie Griechenland. Auch sicherten nach und nach rund 100 mächtige Burgen das ganze Gebiet, die Ritter verfügten über die neueste Waffentechnik, und die Einführung der westlichen Verwaltung verbesserte die Wirtschaft und verband die einheimische Bevölkerung mit den neuen Herren durchaus.

Über 40 Jahre war denn auch Ruhe. Dann kam zunächst der Griechenkaiser Johannes, der Vater Kaiser Manuels, und versuchte, alle die schönen Staaten seinem Reich einzuverleiben. Er scheiterte. Doch gleich darauf, 1144, stürmten die Seldschuken von Norden her, eroberten die ganze Grafschaft Edessa und bedrohten danach Jerusalem. Diese Lage veranlaßte damals, 1147, den König Konrad III. zu seinem so erfolglosen Kreuzzug.

Besonders Jerusalem war danach ebenso gefährdet wie

zuvor. Daß es dann doch noch einmal eine Schonfrist erhielt, lag nur an Streitereien zwischen den Seldschuken und
dem Sultan von Ägypten, Saladin, weil keiner dem anderen
den Angriff und damit die Eroberung der Stadt gönnte.

Doch statt diese Pause zu nutzen, zermürbten sich die
Kreuzherren besonders im Königreich Jerusalem in Macht-
kämpfen und Rangeleien um die Königskrone. Und als sie
dann von Sultan Saladin 1187 beim Berge Hattin in Galiläa
zum entscheidenden Kampf gestellt wurden, erlitten sie eine vernichtende Niederlage. Das Königreich Jerusalem fiel
an den Muslimen Saladin – und damit auch alle heiligen
Stätten.

Jetzt sind, nach kaum hundert Jahren, von den einstigen
Kreuzfahrerstaaten nur noch die Grafschaft Tripolis und das
Fürstentum Antiochia übrig. Und auch ihr Ende zeichnet
sich schon ab.

Kaiser Friedrich fühlt sich daher in der Pflicht. Hat er
nicht bei seiner Kaiserkrönung geschworen, den Glauben zu
schützen? Die Kreuzzugsprediger, die der Papst durch die
Lande schickte, brauchen ihn nicht lange zu bestürmen.

Der Hoftag Jesu Christi

Es mußte ein großer Kreuzzug werden, ein Kreuzzug der
ganzen westlichen Christenheit. Und das erforderte, daß zumindest auch die Könige von Dänemark, Sizilien, England

und Frankreich sich anschlossen. Also wandte sich der Kaiser an alle vier Herren und bat sie »mit begeistertem Schwung und allen Mitteln seiner Beredtsamkeit« um ihre Teilnahme.

Der Däne sagte sofort zu, ebenso Wilhelm II. von Sizilien. Dessen Gesundheit verbot ihm zwar einen persönlichen Einsatz, doch er stellte seine Flotte und seine Truppen zur Verfügung. Mit Philipp von Frankreich und Heinrich von England dagegen wurde es etwas schwierig. Beide nämlich lagen bereits im Krieg miteinander um die Normandie, und Friedrich mußte sein ganzes diplomatisches Geschick aufwenden, um zwischen ihnen wenigstens für die Dauer des Kreuzzuges den Frieden zu erreichen.

Noch im Januar 1187 war es durchaus nicht sicher, ob sie ihr gegenseitiges Mißtrauen überwinden könnten. Doch endlich regelte sich auch dies, sie beschworen beide den Frieden, gaben ihre Zusage, und es wurde vereinbart, daß Franzosen, Engländer und Dänen zu Schiff nach Akkon an der palästinensischen Küste fahren und dort auf die Normannen treffen sollten, während Friedrich mit seinem deutschen Heer den Landweg über den Balkan, Konstantinopel, Kleinasien und Kleinarmenien nehmen wollte.

Es war eine gute, klare Regelung. So konnte er den Zug wagen.

Und dann lud Barbarossa am 27. März 1188 zu jenem Hoftag nach Mainz, der als »Hoftag Jesu Christi« in die Geschichte einging: Symbolisch räumte er seinen Thron Christus ein, bat den Bischof von Würzburg, den anwesenden Fürsten die Not der Heiligen Stätten, die Leiden der Christen in Palästina zu schildern. Und als der Bischof mit dem feurigen Aufruf schloß, nicht mehr zu zögern und den heiligen Zug zu beginnen, da erhob sich der Kaiser als erster und nahm das Kreuz. Diese Geste bewirkte mehr als viele Worte, und bald hatten sich fast alle übrigen angeschlossen.

Es würde ein stattliches Heer sein, dessen waren sie sich sicher an jenem Tag. Und da die Entscheidung für den Landweg gefallen war, hatten nun die Diplomaten für einen sicheren Durchzug zu sorgen: durch Ungarn, Serbien, Bulgarien, durch das Griechenreich, das Türkensultanat von Ikonion, das Armenische Königreich. All die Herrscher sagten ihre Hilfe auch zu, sogar der Türkensultan Kilidsch Arslan.

Das waren gute Nachrichten. Energisch ließ nun Barbarossa den Ägyptensultan Saladin, der die Heiligen Stätten besetzt hielt, zum sofortigen Rückzug auffordern, andernfalls werde ihn der Kaiser der Christenheit »bis ans Ende der Welt verfolgen«. Und als die erwartete schroffe Ablehnung eintraf, kündigte er in aller Form den Kampf an. Dann ordnete er sein Reich: König Heinrich blieb zurück als Stellvertreter und Nachfolger, ein allgemeiner Landfriede sollte die Ruhe in den Ländern sichern.

Und weil er sich mit Grauen erinnerte, wie zu Beginn des letzten Kreuzzuges die Juden im Reich niedergemetzelt worden waren, versuchte er gerade dem vorzubeugen. »Wer einen Juden anrührt und ihn verwundet, dem wird eine Hand abgehauen, und wer einen Juden umbringt, der wird auch umgebracht!« Den Erzbischof von Mainz ließ er erklären: »Jeder, der seine Hand gegen Juden ausstreckt, soll vernichtet werden und dessen Kreuzfahrt wird wertlos sein!«

Dieses harte und mutige Gesetz verfehlte seine Wirkung nicht. Überall blieben die Juden nahezu unbehelligt.

Der Aufbruch

Am 1. Mai 1189 brach das deutsche Kreuzheer von Regensburg auf: der Kaiser, der Schwabenherzog Friedrich, viele geistliche und auch einige weltliche Fürsten. Dennoch war Barbarossa enttäuscht. Welch eine Begeisterungswelle war durch die Lande gegangen, wie viele hatten das Kreuz genommen! Und nun stand er vor einem Heer von allenfalls 5000 Rittern und ebenso vielen Fußtruppen. Wäre er nicht sicher gewesen, daß die Franzosen und Engländer mit ihren Truppen zu Schiff nach Palästina nachkommen und dort mit ihm zusammentreffen würden – wer weiß, ob er das Unternehmen gewagt hätte.

So aber zog nun doch an diesem 11. Mai die Heerschlange von Kriegern mit blitzenden Helmen und Schilden an der Donau entlang nach Osten, langsam und ernst, unter Gebeten und frommen Gesängen. Überall standen Menschen am Weg, in Österreich, in Ungarn, brachten Lebensmittel und Geschenke.

Doch kaum hatte der Zug die Grenze nach Serbien überschritten, wandelte sich das Bild. Der Herrscher der Serben war zwar sehr zuvorkommend und wollte sogar mit dem Kaiser ein Bündnis schließen. Dennoch wurde das Heer aus dem Hinterhalt ständig mit vergifteten Pfeilen beschossen, waren Wege unterbrochen, Pässe versperrt. Und wenn sich einer leichtsinnig absonderte, fand man ihn kurz darauf gräßlich verstümmelt und tot an der Straße liegen. Hatten vielleicht die Griechen die Hände im Spiel? Je näher man nämlich in Bulgarien der griechischen Grenze kam, desto heimtückischer wurden die Anschläge.

Kaiser Friedrich I. Barbarossa auf dem 3. Kreuzzug, Miniatur aus dem „Liber ad honorem Augusti"

Der Feind in Konstantinopel

Der Zug erreichte endlich dennoch Thrakien, aber das Jahr neigte sich, und Friedrich mußte Befehl zum Überwintern geben. Das war schlimm, denn den Haß der Behörden und der Bevölkerung spürte man überall. Es wurde unvermeidlich, gegen den Griechenkaiser selbst vorzugehen, nachdem der sich ganz offen mit Saladin gegen das Kreuzheer verbündet hatte. Empört rief der Staufer den Papst und die europäischen Fürsten zu einem Krieg gegen den »gottlosen Griechen«.

Diese Drohung wirkte. Eilends kamen Verhandlungsdelegationen aus Konstantinopel angereist, versicherten, daß alles nur ein Irrtum gewesen und ihr Kaiser Isaak und seine Herren zu jeder Hilfe bereit seien. Sie meinten es offenbar ernst, denn sie versprachen nicht nur die volle Verpflegung des Zuges und die Überfahrt über den Hellespont: Sie stellten auch 18 Geiseln und ließen alle Lateiner aus den Kerkern frei. Darunter zwei Gesandtschaften, die Barbarossa seinerzeit in diplomatischer Mission nach Konstantinopel geschickt hatte.

Der Kaiser tobte – aber die Zeit drängte, und so setzte er Ende März 1190 über den Hellespont und überschritt bald darauf in Kleinasien die Grenze zum Sultanat Ikonion.

Der Hungerzug

Und er war überrascht: Eine demütige Delegation erwartete ihn, überbrachte die besten Grüße ihres Herrn und erbot sich, den »Herrscher des Abendlandes und sein siegreiches Heer« nach Ikonion zu bringen.

Zwar hörte er nun, daß Kilidsch Arslan die Regierung seinem Sohn Kutbeddin übertragen habe, aber das kümmerte ihn wenig. Denn natürlich wurde ihm verschwiegen, daß die Gemahlin Kutbeddins eine Tochter von Saladin war. Auch kam der Zug während der ersten zwei Wochen recht gut vorwärts. Die ständigen Angriffe durch Nomadenhorden erklärte die Delegation liebenswürdig damit, daß es ihrem Herrn bisher nicht gelungen sei, diese »schrecklichen Wilden« unter Kontrolle zu bringen.

Doch eines Tages war die scheinbar demütige Delegation verschwunden. Barbarossa sah sich verlassen inmitten der trockenen Steppe Anatoliens, die Dörfer leer und verbrannt, kein Nachschub, keine Verpflegung, kein Wasser und über allem glühende Sonnenhitze! Der Sultan hatte ihn in eine Falle gelockt.

Ohne Orientierung, von Durst und Hunger gequält, schleppten sich die Männer durch die flimmernde Wüste, immer wieder sank einer am Wegrand zusammen, blieb liegen. Sie schlachteten die Pferde, tranken ihr Blut, aßen noch die Haut. Aus ihren Kettenhemden kamen sie kaum noch heraus, weil ständig Reitertrupps über sie herfielen.

Ikonion

Als sie schon alle Hoffnung verloren hatten, tauchte plötzlich Ikonion vor ihnen auf: stolz, blühend, in einer weiten, fruchtbaren Ebene. Man zählte den 18. Mai 1190. Sie waren außer sich vor Freude – aber da verdunkelten sich die Felder vor der Stadt, der Sultan sammelte sein Heer und erwartete den Kaiser des Abendlandes zum Kampf. Die Übermacht war wohl zehnfach.

Entsetzen und Verzweiflung packten die erschöpften Männer, schon griffen sie nach ihrer Habe und wandten sich zur Flucht. Da sprang der alte Kaiser mitten unter sie, schwang sich aufs Pferd, hielt eine flammende Ansprache, formierte seine Truppen zu einem gewaltigen Keil, riß sein Schwert hoch über sich, »daß es in der Sonne funkelte wie ein heiliger Blitz aus dem Himmel«, rief »Gott mit uns!« und stürmte los. »Gott mit uns!« jubelten die anderen und stürmten hinterdrein.

Der Aufprall auf die verdutzten Türken war so heftig, daß die auseinanderwichen, die Kaiserlichen schlugen sich mit Urgewalt eine Gasse bis zur Stadtmauer, rannten mit Stämmen und Rammböcken gegen ein Tor, das Tor gab nach, barst, die Verteidiger stoben nach allen Seiten, die Kaiserlichen stürmten die Stadt – Barbarossa, der alte Barbarossa, hatte Ikonion erobert, mit Männern, die am Ende ihrer Kräfte waren, gegen einen mehr als zehnmal so starken Feind.

Der Sultan gab auf. Und jetzt bekam der Staufer vielfach zurück, was er auf dem Hungerzug verloren hatte – Pferde, Träger, Nahrung. Nur die armen Burschen, die er verdurstet, verhungert, erschlagen am Weg hatte lassen müssen, die machte ihm keiner mehr lebendig. Doch die anderen, die durchgekommen waren, die fühlten sich jetzt »fast halb schon wie im Paradies« und wären durchaus gern noch für eine Zeit geblieben.

Allein der Kaiser drängte weiter. Denn Saladin würde natürlich versuchen, ihn abzufangen, ehe er sich mit den anderen vereinigen konnte, die zu Schiff nachkamen. Also mußte er dem Sultan zuvorkommen. Schon acht Tage nach dem Sieg, am 26. Mai 1190, brachen sie wieder auf. Sie wollten über das Taurusgebirge, am Salephfluß entlang nach Kleinarmenien, und von dort dann weiter zur Küste.

Kleinarmenien

Kleinarmenien – für Friedrich ein vielgelobtes, christliches Land, das ihn stützen würde und auf das er sich freute nach »all dem Ungemach«. Jedoch, das Wort Kleinarmenien stand auch für ein altes, tapferes Volk und für ein bitteres Schicksal.

Denn schon seit etwa 1000 v. Chr. hatten die Armenier im weiten Hochland um den Van-See zwischen Kaukasus und Taurusgebirge gewohnt, manchmal frei und im eigenen Staat, manchmal abhängig und unter der Vorherrschaft irgendwelcher Mächtiger, der Assyrer, Meder, Perser, Römer. Doch immer konnten sie ihre innere Eigenständigkeit bewahren.

Im 6. Jahrhundert n. Chr. übernahmen sie das Christentum und entwickelten eine hochstehende christliche Kultur, die sich ganz an Byzanz ausrichtete. Eine Verbindung, die noch enger wurde, als im 7. Jahrhundert der Islam sich bis ans Kaspische Meer ausbreitete und das Armenierland als äußerster Vorposten der Christenheit auf den Schutz von Byzanz angewiesen war.

Daher wurden die Niederlage des Griechenkaisers 1071 bei Mantzikert und das Vordringen der Seldschuken zur eigentlichen Katastrophe für dieses Volk. Die muslimischen Eroberer nämlich hausten so grausig, daß die Armenier erstmals in ihrer langen Geschichte aus ihrem Land flohen – der kleinere Teil nach Westen, nach Konstantinopel und auf den Balkan, der größere Teil nach Süden, ans Meer.

Dort ließen sie sich in Kilikien nieder, jener Landschaft, die an die nordöstlichste Ecke des Mittelmeers grenzt: eine fruchtbare Ebene, drei Seiten, umstanden von mächtigen Bergriegeln, und im Süden durch die Küste abgeschlossen, ein sicherer Erdenfleck, leicht zu verteidigen und zudem wegen der bedrohlichen Nähe des islamischen Reichs fast menschenleer.

Sofort begannen die Flüchtlinge aufzubauen, neu zu bauen, nach wenigen Jahren war Kilikien wieder ein blühendes kultiviertes Land, Städte wie Tarsus, Adana, Seleukia waren wohlhabende Zentren von Handel und Handwerk, obwohl von Anfang an ständig größere und kleinere Angriffe abgeschlagen werden mußten. Zehn Jahre nach der Einwanderung, 1081, war das Land schon so gefestigt, daß es sich zum Königreich Klein-Armenien erklären konnte.

Und bald blühte auch im neuen Staat die alte Kultur, die aus der Heimat mitgebracht worden war. Zwar ließ sich die Anerkennung der Oberhoheit von Byzanz nicht vermeiden. Doch das tat nicht viel, sondern bedeutete sogar zusätzlichen, wenn auch wohl nur theoretischen Schutz. Ein wirklicher Glücksfall dagegen war wiederum 17 Jahre später das Eintreffen der Kreuzfahrer und die Errichtung ihrer Herrschaften. Jetzt hatte Klein-Armenien nur noch im Norden die Seldschuken als Feinde, im Westen war schon Byzanz, und im Osten eben stieß es nun an das christliche Fürstentum Antiochien und an die Grafschaft Edessa. Das islamische Heer war zurückgedrängt, die Armenier fühlten sich wieder einigermaßen geborgen, endlich.

Natürlich wurden die Verbindungen zu den Kreuzfahrerstaaten herzlich und eng, der Handel nach Westen, besonders nach Italien florierte und brachte ausgezeichnete Gewinne. Weshalb gerade Kleinarmenien zu Tode erschrak, als 1144 Edessa fiel und nun jetzt vor drei Jahren eben auch das Königreich Jerusalem. Tripolis, Antiochia, man kann wohl abzählen, wer der nächste sein wird.

Was Wunder, wenn die Armenier den Kaiser sehnsüchtig erwarten. Der Empfang wird es zeigen, Seleukia hat sich schon eifrig vorbereitet.

Der Tod im Saleph

Das Kreuzheer wiederum ist so weit gar nicht mehr weg. Es hat bereits den Tauruskamm überwunden und am 8. Juni die Brücke über den Saleph erreicht – und endlich armenisches Gebiet. Nun gilt es, so rasch als möglich eben nach Seleukia an der Saleph-Mündung zu kommen. Sicher, der Weg von hier hinunter in die Schlucht und dann immer am Fluß entlang wäre zweifellos der kürzeste.

Aber all die Pferde, die unbewegliche Masse der Truppen, die vielen Lasttiere über diese Geröllhalden und Felsstürze unbeschadet auf die Talsohle zu führen, das ist unmöglich. Also muß das Heer einen Umweg über eine Hochfläche nehmen, während der Kaiser mit einigen Begleitern den Abstieg in die Schlucht wagt.

Es ist ungemein schwierig. Das Geröll rutscht den Pferden unter den Hufen weg, und obwohl die Männer abgesessen sind, droht ständig Gefahr, daß Roß und Reiter in die Tiefe gerissen werden. Als schließlich ein Weiterkommen nur durch eine fast senkrecht abfallende Felsspalte möglich ist, wollen sie umkehren – aber auch das geht nicht mehr. So kämpfen sie sich Schritt für Schritt mit ihren zitternden Tieren weiter hinab, während eine unbarmherzige Sonne die Steine zum Glühen bringt.

Fast empfinden sie es wie ein Wunder, als sie nach Stunden heil unten anlangen, eine Kiesbank sogar ein bequemes Weiterkommen verspricht. Sie sind erschöpft. Einer regt an, ob sie nicht eine Rast einlegen sollten. Der Kaiser nickt, es ist gut. Man sollte nicht zuviel verlangen, nicht von sich und nicht von den Pferden. Rasch ist eine Decke ausgebreitet, darauf ein paar Holzschüsseln mit getrocknetem Fleisch, hartem Brot und grünen Feigen, hölzerne Becher für den Wein. Der ist zwar in den Schläuchen gräßlich warm geworden, aber mit dem Flußwasser vermischt, tut er dann doch seinen Dienst und weckt sogleich wieder den Übermut der Herren.

Ikonion schwingt noch immer nach. Hei, wie die Türken auseinandergestoben seien, als der Löwe gebrüllt habe, und wie es erst dem armen Saladin ergehen werde. Schnell solle er ja sein, sage man, aber wohl doch nur ein rechter Windhund, den es gleichfalls davonwehen werde, wenn der Löwe nur recht brülle.

Der Kaiser schweigt, sinnt vor sich hin. Den Löwen also nennen sie ihn jetzt. Mögen sie. Er kennt noch einen, den sie auch den Löwen nennen. Er schätzte, ja er bewunderte diesen Draufgänger. Aber er mußte ihn fallen lassen. Es ging nicht weiter. Der andere ließ keinen Ausweg. Dabei fehlte er ihm danach so sehr, für die gesamte Ostpolitik. Und er fehlte ihm auch jetzt. Was hätte alles werden können, wenn dieser Mann nicht so maßlos gewesen wäre, dieser Heinrich, dieser welfische Feuerkopf!

Nun, wenigstens nahm es mit dem freilich viel kleineren »Löwen« in Mailand eine bessere Wendung. Der Gruß damals beim Hochzeitszug vor vier Jahren, das war wohl das schönste Geschenk jenes ganzen Tages. Das zeigte mehr als aller Jubel, daß er nun wirklich den Frieden mit Italien gefunden hatte. Italien. Sechsmal zog er mit einem Heer über die Alpen, davon fünfmal nur, um Krieg zu führen. Tortona, Crema, Mailand – mußte das alles unausweichlich sein? Gewiß, er hat seine Pflicht getan, die Rechte der Krone gewahrt, das Reich wieder zusammengefügt.

Aber vielleicht wäre das eben doch auch anders zu erreichen gewesen, weniger hart, weniger grausam. Allein schon der Frieden von Venedig und die guten dreizehn Jahre seither sprechen da für sich. Vielleicht hätte er gut daran getan, manchmal weniger »Löwe« zu sein? Doch er war es eben. Wie die Alte seinerzeit gesagt hat: Er werde die Krone erringen wie ein Fuchs, halten wie ein Löwe. Aber eben auch – er werde sie verlieren wie ein Hund.

Nun, wenigstens das scheint etwas fraglich zu sein. Immerhin hat er diese Krone seinem Sohn übergeben können, unbeschädigt, gesichert. Nur sein Leben, das ist freilich gefährdet hier, das kann er wahrhaftig jeden Tag verlieren. Doch wenn er es verliert, dann im Kampf um das Grab des Heilands, im Dienste Gottes. Und das gilt ihm dann doch als größere Ehre denn alle früheren Ehren zusammen!

Ei was, Grillen! Kaiser Friedrich lacht, steht auf. Es sei wohl nützlich, sich zu erfrischen vor dem weiteren Weg, man möge ihm beim Ablegen der Kleider behilflich sein, er wolle ein Bad nehmen. Da ist die Begleitung doch etwas fassungslos, der junge Urslingen stottert: »Tut das nicht Herr, Ihr seid überhitzt, habt eben gegessen und das Wasser ist eisig!«

»Wahrhaftig!« Lustiger Spott blitzt aus den Augen über dem weißen Bart, der einmal rot war: »Jetzt glaub' ich fast, ich bin mit meinen siebzig von allen meinen Herren noch der jüngste!« Spricht's und stürzt sich in den tosenden Fluß.

Und jetzt erstarrt denen am Ufer das Blut in den Adern: Der Schwimmer wird von der Strömung mitgerissen, er wirft die Arme hoch, ein halberstickter Schrei – dann ist nichts mehr zu sehen.

Sie laufen, schreien verzweifelt, stolpern das Ufer entlang flußabwärts. Aber erst nach langer Zeit finden sie ihn, verfangen in einer Baumwurzel – tot!

Abschied

Die Nachricht traf das Heer in Seleukia wie ein Keulenschlag: »Der Jammer der frommen Ritter ist nicht zu beschreiben mit Worten. Sie könnten es nicht glauben, da sie nicht ihren Herrn Friedrich leblos auf der Bahre liegen sähen. Das Klagen und Weinen will kein Ende nehmen, worunter auch die armenischen Herren mit großem Leide sind.«

Jeder wußte, daß diesem Kreuzzug nun die Seele genommen war.

Zwar übertrugen sie noch dem 23jährigen Sohn Barbarossas, dem Schwabenherzog Friedrich die Heeresführung, doch nach den Trauerfeiern in Seleukia gab ein beträchtlicher Teil der Ritter auf und trat den Heimweg an.

Die Restlichen zogen mit ihrem toten Herrn weiter nach Osten, zunächst bis Tarsus. Dort, in der Stadt des Apostels Paulus, bestatteten sie das Herz des Kaisers. Dann geleiteten sie ihn durch die Ebene nach Antiochia am Orontesfluß, die »gepriesene Perle des Orients, die Stadt der hundert Kirchen und Paläste«, wo sie Fürst Guido mit vielen tausend Bürgern erwartete, »um den Imperator zu ehren«. Wieder folgten Trauerfeiern, Andachten, Fürbitten, und schließlich wurde, der Sitte gemäß, das Fleisch des kaiserlichen Leichnams von den Knochen gelöst und in einem goldenen Schrein in der Kirche St. Peter zu Antiochia beigesetzt.

Nach Jerusalem war es nun nicht mehr weit. Sie brauchten nur noch die christliche Grafschaft Tripolis zu durchqueren und dann eben nach Akkon vorzudringen, wo ja die anderen, die Dänen, Franzosen, Engländer und Normannen warteten. Und da die Einwohner von Tripolis ihnen bereits nach Antiochia Willkommensgrüße schickten, meinten sie, keinen Grund zur Sorge zu haben. Doch es wurde ein entsetzlicher Zug: Nach kaum einer Woche brach unter ihnen eine Seuche aus, wohl Malaria, der fast die Hälfte des ohnehin nur noch kleinen Heeres zum Opfer fiel. Überall am Weg Tote, Sterbende, das Grauen, die Angst waren kaum mehr zu ertragen.

Mit letzter Kraft quälten sie sich die Küste entlang, von einer christlichen Stadt zur anderen. Und es ging auch recht gut, obwohl das ganze Gebiet eigentlich ab Beirut schon von den Muslimen beherrscht wurde. Erst in Tyrus war kein Weiterkommen mehr. Zwar lag das ersehnte Akkon nur noch ein paar Meilen entfernt, doch zwischen beiden Städten hatte der Sultan Truppenverbände aufgestellt, vor denen sich der Schwabenherzog mit seinem kleinen Häuflein kranker Männer am besten nur noch in Sicherheit brachte.

Also wählte er für das letzte Stück den Seeweg. Und da der Ausgang des ganzen Abenteuers inzwischen völlig unsicher war, wollte er wenigstens seine kostbarste Fracht, die Gebeine seines Vaters, in Sicherheit zurücklassen: Mit einer letzten feierlichen Zeremonie beerdigte er sie in der Kathedrale von Tyrus, vorläufig. Er plante, sie bei der Rückkehr nach Deutschland mitzunehmen. Doch bald danach, im Januar 1191, starb auch er, die Krankheit von Tripolis, Malaria, hatte ihn eingeholt.

Jetzt war für die Deutschen dieser Kreuzzug endgültig zu Ende, die Handvoll Überlebender schiffte sich ein und fuhr nach Hause, ebenso wie die Normannen, weil ihr König Wilhelm II. gestorben war und ihre Regierung sie nun zurück nach Sizilien rief. Die Engländer und Franzosen eroberten dann zwar noch Akkon, doch bis Jerusalem drangen sie nicht vor. Die Verhältnisse in Palästina blieben, wie sie waren. Um die sterblichen Überreste Barbarossas kümmerte sich keiner mehr.

Doch immerhin, nicht einmal so viel später konnte sein Sohn, Heinrich VI. wieder zu einem Zug ins Heilige Land rüsten. Er war schon unumstritten als Herrscher in Deutschland, zum Kaiser gekrönt, König von Sizilien und hatte Süditalien bereits mit dem Reich verbunden. Nun wollte er auf diesem Kreuzzug Palästina erobern und vielleicht das Reich von Byzanz an sich binden. Und wohl auch den Leichnam seines Vaters nach Deutschland zurückführen. Doch Heinrich starb am 28. September 1197, mit 31 Jahren und wenige Tage vor dem Antritt der Fahrt. Vielleicht wurde er vergiftet, vielleicht erlag er der Malaria. Niemand weiß es.

Der Papst jedenfalls atmete auf und übernahm nun selbst die Leitung eines neuen Unternehmens, dessen militärische Ausführung den Dogen von Venedig zufiel. Dieser Kreuzzug des Jahres 1204 ging nicht gegen Palästina, sondern gegen – Byzanz. Der Papst wollte die byzantinische Kirche unter seine Oberhoheit zwingen, Venedig sich für seinen Orienthandel eine Basis schaffen. Und »das fromme Werk, der heilige Zug« endete mit der schrecklichen Plünderung und Zerstörung von Konstantinopel und der Vernichtung des byzantinischen Reiches. Die ganze zivilisierte Welt erschrak über diese Untat, selbst in den chinesischen Annalen jener Jahrzehnte klang sie nach.

Barbarossas Gebeine aber blieben weiterhin vergessen im Orient. 1228, volle 38 Jahre nach der vorläufigen Beisetzung in Tyrus, zog sein Enkel, der Kaiser Friedrich II., ins Heilige Land, mitten in einem bitteren Streit zwischen ihm und dem Papst – und belegt mit dem Kirchenbann. Er kam ohne Waffen, erreichte durch kluges Verhandeln, daß der Sultan alle drei heiligen Städte, Jerusalem, Bethlehem und Nazareth, mit einem erheblichen Umland samt freiem Zugang zum Meer den Christen zurückgab.

Ein schönes Ergebnis, eigentlich. Doch der Papst nannte ihn einen Verräter, weil er nicht versucht habe, mit Feuer und Schwert das ganze Land wieder zurückzuerobern, und ließ so sehr die Massen der Christen in Palästina aufhetzen, daß sich der Kaiser im Handumdrehen einer Wand von Haß gegenüber sah und bei seiner Abfahrt von Akkon niedergeschrien und mit Kot beworfen wurde. Er soll vor Zorn geweint haben.

Vollends ausgeschlossen war unter diesen Umständen sein Besuch in den noch immer christlichen Städten Tyrus und Antiochia. Man ließ ihm ausrichten, daß die Tore für ihn verschlossen seien. Weshalb es also auch dem mächtigen Friedrich II. versagt blieb, die sterbliche Hülle Barbarossas zurück nach Europa zu bringen. Und: Er war der letzte Staufer, der das überhaupt noch hätte erreichen können. Denn nach seinem Tod am 13. Dezember 1250 wurde das gesamte Herrschergeschlecht derer von Hohenstaufen gnadenlos verfolgt, ermordet, eingekerkert, ausgerottet.

Deutschland aber ging unter in Anarchie für mehr als zwei Jahrzehnte. Es gab keine Königsgewalt mehr, kein Recht, kein Gesetz. Jeder verfocht seine Interessen nach Gutdünken, bald war das Land in einem noch viel hoffnungsloseren, jammervolleren Zustand als damals vor hundert Jahren, da der Barbarossa die Krone übernahm. Und der erste richtige König, der nach dieser Notzeit sein Amt 1273 antrat, Rudolf I. von Habsburg, hatte wahrhaft anderes zu tun, als nach Palästina zu reisen und vielleicht von dort die Reste seines großen Vorgängers mitzubringen.

Zudem änderten sich im Orient die Verhältnisse sehr schnell und endgültig: 1268 schon eroberten die Muslime Antiochia und ließen keinen Stein auf dem andern. Und 1291 fiel Tyrus und wurde gleichfalls bis auf die Grundmauern zerstört. Auf dem Ruinenfeld von Tyrus wuchs später eine neue Stadt, unter der nun eben irgendwo die Gebeine Kaiser Friedrichs ruhen. Antiochia aber, das stolze, reiche Antiochia ist heute eine sanfte Hügellandschaft, darauf ein kleines türkisches Dorf, Antakya. Wo vor achthundert Jahren die Peterskirche stand, weiß keiner mehr zu sagen.

In der Herrschergruft zu Speyer wurde neben der Kaiserin Beatrix noch lange Zeit ein Platz freigehalten. Doch irgendwann wurde auch dies aufgegeben.

Barbarossazeit

Seit Jahrhunderten streiten die Geschichtsschreiber, wie sie diesen Mann einordnen sollen, als Tyrannen oder klugen Regenten, als brutalen Machtmenschen oder als Idealisten, als Löwen oder als Fuchs. Oder als alles zusammen. Aber das wird sich wohl nie klären lassen, denn weniges hängt so sehr vom persönlichen Empfinden ab wie Wertungen der Geschichte.

Unzweifelhaft ist nur eines: Die 38 Jahre der »Barbarossazeit« zwischen 1152 und 1190 haben das Abendland geformt, haben eine Epoche geprägt. Diesem Friedrich von Hohenstaufen war es in der Tat vergönnt, Erstaunliches zu leisten.

Dabei schien sein wichtigstes, zentrales Ziel recht hoch angesetzt: die »Renovatio Imperii«, die Wiederherstellung der Kaisermacht und der Reichsgewalt nach der Ordnung Karls des Großen. Natürlich meinte er damit kaum, daß abgetrennte einstige Reichsteile wie etwa Frankreich zurückzuzwingen seien, sondern er dachte wohl eher an eine Art abendländischen Staatenbund unter kaiserlicher Führung. Und einige Male schien dieses Ziel gar nicht mehr so unerreichbar zu sein. Doch dann schlugen gleich wieder Verhängnisse und Fehlentscheidungen alles in Stücke. Erst ganz zum Schluß, als er die europäischen Mächte zu seinem Kreuzzug vereinigte, begann sich dieser Traum zu erfüllen, sprachen sie alle, Engländer, Franzosen, Dänen, Normannen, Italiener von »unserem Kaiser«, hatte er wirklich für einen ganz kurzen Zeitraum die Führerschaft Europas, war er wirklich der Erbe Karls.

Und ähnliches gilt für seine Kirchenpolitik. Auch hier das Ziel der »Renovatio Imperii«, der Erneuerung der alten Kaiserrechte, doch auch hier die Beschränkung auf das Mögliche – nicht die Überordnung des Kaisers über den Papst wie zu Zeiten Karls, sondern eben die Gleichstellung der beiden Gewalten nebeneinander, der weltlichen, der kaiserlichen und der geistlichen, der päpstlichen. Und da seine unmittelbaren Vorgänger es schweigend hingenommen hatten, daß sich der Papst über den Kaiser erhob, ja sich sogar die Oberherrschaft anmaßte, war es seine Pflicht, die erhabenen Heiligen Väter zu Rom wieder in jenen Bereich zurückzuverweisen, der ihnen allein zustand. Die Kämpfe, die sich aus dieser Pflicht ergaben, mußten sein, sie ließen sich nicht vermeiden. Vielleicht hätte er sie etwas geschickter führen können, mit weniger schlimmen Folgen für die Menschen, das Reich, das ganze Abendland, vielleicht hätte er mit mehr Geschmeidigkeit eine noch bessere Lösung erzielen können. Doch auch so nahm sich das Ergebnis recht vorteilhaft aus: Die Zuständigkeit beider Teile war klar abgegrenzt, die Gleichberechtigung der zwei Gewalten festgeschrieben, Kaiser und Papst, Reich und Kirche konnten so miteinander leben.

Nur – ein herzliches Zusammenwirken war das nicht, sondern eher ein mißtrauisches Nebeneinander, ein Waffenstillstand. Rom wartete zweifellos nur darauf, die alten Forderungen neu erheben zu können, sobald das Kaisertum eine Schwäche zeigte. Auch war es Friedrich schon gar nicht gelungen, die Kraft der kirchlichen Reformpartei, der »Cluniazenser« zu brechen. Im Gegenteil, nun griff sie auch in Deutschland um sich, forderte auch hier schon ein Teil des Klerus immer lauter die Unabhängigkeit der Kirche vom Reich.

Dafür jedoch hatte er die Vereinigung Siziliens mit dem Reich einleiten können. Und genau das würde die eherne

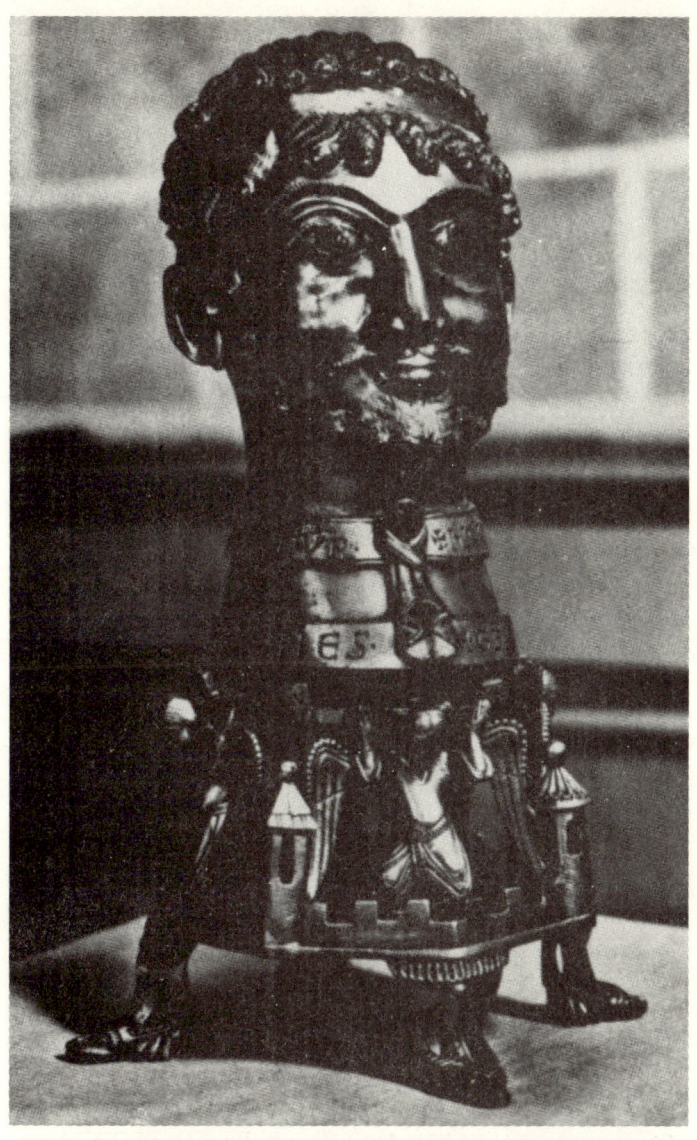

Büste des Kaisers Friedrich I. Barbarossa um 1125-1190, Staufer. Deutscher König von 1152-1190. Teil des Reliquiars aus dem 12. Jh., Original: Stift Cappenberg.

Klammer ergeben, die Roms Machtansprüche auf lange Zeit in Grenzen und im Rahmen der geschlossenen Verträge halten dürfte. Es sah ganz so aus, als ob er damit gerade diesen besonders gefährdeten Teil seines Werkes für die Zukunft gesichert hätte.

Und über den Zustand des Reiches selbst konnte dieser Kaiser vollends beruhigt sein. Burgund hatte die Kaiserin so klug geordnet, daß es von den drei Reichsteilen als der glücklichste gelten konnte, und Italien – nun, in Italien regierten gleichfalls Frieden und Wohlstand. Die gefundenen Lösungen nach all den langen, bösen Jahren erwiesen sich als erstaunlich brauchbar, trugen allen wesentlichen Forderungen Rechnung und machten dieses wohl doch nicht ganz einfache Land zu einem ebenso festen wie offenen Teil des Ganzen. Spätestens im letzten Jahrzehnt seiner Regierungszeit konnte der Staufer ein stolzes Fazit ziehen: Die drei Reichsteile waren so eng aneinander gefügt wie niemals zuvor, über die kaum mehr vorhandenen Grenzen floß ein ungeahnter Austausch von Gütern, Kenntnissen, Handwerkern, Künstlern, die unterschiedlichsten Landschaften arbeiteten zusammen, regten einander an, ergänzten sich.

Dennoch, die erstaunlichste Entwicklung ergab sich in Deutschland. Die kaiserliche Politik hatte hier in allen Bereichen eine geradezu unglaubliche Blüte bewirkt, hatte tiefgreifende Veränderungen erreicht. Veränderungen, von denen die meisten auch gleich ins Auge fielen, nur der kleinere Teil war leiser – dafür aber sicher nicht weniger bedeutsam. Besonders der unauffällige Wandel des Machtgefüges, der sich abzeichnete, und der freilich unumgänglich war. Denn der Kaiser hatte ja Burgund und dann auch Italien eine weitgehende Selbständigkeit zugestanden und mußte nun eben doch in Deutschland für die Krone eine dauerhafte Machtgrundlage schaffen.

Das aber bedeutete wiederum die zwingende Notwendigkeit, vom Gewicht der Fürstengewalt ein Stückchen nach dem anderen abzubrechen und der Königsgewalt zuzuleiten. Es war ein mühsames und nicht ganz ungefährliches Spiel, zumal vor allem ihn, den Kaiser und König, ja Gesetze banden, die den Einfluß der Fürsten festschrieben und den der Krone beschnitten. Da traf es sich gut, daß seine wirtschaftlichen Maßnahmen so große Erfolge brachten, die Fürsten hochzufrieden und abgelenkt und vollauf damit beschäftigt waren, all das schöne Geld, das sich nun plötzlich verdienen ließ, auch richtig in ihre Kassen zu leiten.

Trotz aller Gesetze hatte der Herr Friedrich nämlich durchaus seine Möglichkeiten, die Machtfrage doch noch nach und nach für das Königtum zu entscheiden. So nahm er zum einen jede Gelegenheit wahr, die allzu mächtigen Herzogtümer aufzuteilen, verkleinerte Bayern um fast die Hälfte, teilte Sachsen, förderte die Auflösung der beiden Lothringen in kleinere Herrschaften. Zum anderen baute er seine Hausmacht aus: Es war abzusehen, daß schon sein Sohn und Nachfolger der größte Territorialherr im Reich sein würde.

Doch auch das Rodungsprogramm schmälerte letztlich den Einfluß der fürstlichen Herren. Nicht nur, daß es kleineren Grafen die Möglichkeit gab, bei einigem Geschick durch Rodungen ihr Territorium und ihre Macht solange zu vergrößern, bis sie die Vormundschaft ihrer Oberherren abschütteln konnten, sondern laut Königsgesetz mußte ja auch jeder Herr rodungswillige Bauern ohne Einschränkungen ziehen lassen. Und das bedeutete für so manchen Fürsten einen bitteren Verlust von Arbeitskräften und Untertanen – und damit eine Minderung seines politischen und wirtschaftlichen Einflusses. Denn die Regelung, daß Rodungsbauern von der Leibeigenschaft und für einen längeren Zeitraum auch von den meisten Abgaben befreit waren, diese Regelung tat natürlich ihre Wirkung.

Ebenso wie Friedrichs Fürsorge für die Städte, die er überall großzügig mit Markt-, Münz- und Zollrechten ausstattete. Denn auch wenn diese Gemeinwesen fast alle noch in fürstlichem Besitz waren, so hatte er den wachsenden Willen zur Selbständigkeit bei den Stadtbürgern längst bemerkt und am Beispiel Lübecks gesehen, wie sich das zum Vorteil der Königsmacht nutzen ließ: 1181 nämlich, nach dem Sturz Heinrichs des Löwen, war von ihm einfach die Stadt Lübeck formell in kaiserlichen Besitz und Schutz genommen worden. Die Lübecker erkannten schnell, wie vorteilhaft sich dieser Wechsel für sie auswirkte, es sprach sich herum, schon wurde der Kaiser von anderen Städten gebeten, mit ihnen gleichfalls so zu verfahren – und plötzlich sah er sich im Besitz eines herrlichen Instruments, mit dem auf die Dauer die Städte den Fürsten entwunden und der Krone zugebracht werden konnten.

Daß er, der Staufer Friedrich, damit jenes System der deutschen Reichsstädte begründet hatte, das später einmal als eine der größten Leistungen des Mittelalters überhaupt gelten sollte, das ahnte er freilich damals noch nicht. Denn für ihn war neben dem machtpolitischen vor allem der wirtschaftspolitische Gesichtspunkt vorrangig. Und da besaßen eben die Städte ihr entscheidendes Gewicht, nicht zuletzt auch als Festpunkte für die Überlandstraßen.

Denn auch den Ausbau eines großräumigen, richtigen Straßennetzes hatte er inzwischen erreicht, steinerne Brücken waren schon die Regel, und von Burgen aus wurde über die Sicherheit der Reisenden gewacht. Der Aufschwung, den der Handel durch alle diese Maßnahmen erlebte, übertraf die kühnsten Erwartungen.

Ebenso, wie übrigens der Erfolg der Landwirtschaft: Sie hatte nicht nur durch die umfassenden Rodungen, vor allem in Franken, in der Oberpfalz, im nördlichen Thüringen und östlich der Elbe gewaltig zugenommen, sondern auch durch die neuen Verfahren der Dreifelderwirtschaft – zwei Jahre wird Getreide angebaut, ein Jahr bleibt der Acker unbebaut, damit er sich ausruhen kann. Die Erträge wuchsen so um ein Vielfaches, und es sah ganz so aus, als ob die schrecklichen Hungersnöte nun der Vergangenheit angehörten.

Ein Verdienst, der uneingeschränkt den Klöstern zugerechnet werden konnte, und da besonders den Zisterziensern. Es war für Friedrich ein Glücksfall gewesen, daß er sich gleich nach seinem ersten Königsritt für die Zusammenarbeit mit diesem neuen, kraftvollen Orden entschied. Nun standen überall im Land Zisterzienserklöster, die Mönche unterrichteten und berieten die Bauern, überzeugten die Grundherren von besseren Verfahren und Möglichkeiten. Und auf einmal war nun eben die gesamte Landwirtschaft von Grund auf erneuert, ohne Aufsehen, wie eben gerade so nebenbei.

Immerhin nämlich hatte der Schwung der Zisterzienser auch die alten Benediktinerklöster mitgerissen, und so bemühten sie sich inzwischen allesamt in einem höchst erfreulichen Wettstreit, und zwar nicht nur um so prosaische Dinge wie den Ackerbau, sondern auch um die Pflege der Wissenschaften, von der Heilkunde bis zu Dichtung und Philosophie. Und in den klösterlichen Schreibstuben entstanden Handschriften und Buchmalereien von einer bis dahin nicht gekannten Vollendung.

Zudem entfaltete sich die Kunst jetzt schon außerhalb der Klostermauern. Besonders die Architektur wurde kaum noch von Mönchen gestaltet, sondern von freien Baumeistern und Handwerkern, die übrigens oft aus Burgund und Italien kamen. Ihr Formempfinden verband sich mit den einheimischen deutschen Vorstellungen, der herrschende Stil der Romantik wurde reich, geschmeidig, elegant, gefiel auf einmal ungemein, und man baute, baute, ein richtiges Baufieber brach aus. Kirche um Kirche entstand, Kloster um

Kloster, prachtvolle Paläste und mächtige Dome, in Worms, zum Beispiel, in Bonn, in Bamberg, zu Freiberg in Sachsen. Und überall dieselbe feste Leichtigkeit, dieselbe Freude am Schmuck, an der kunstvollen Vielfalt. Die Bildhauer vorab beherrschten das Feld, schufen grandiose, gestaffelte Portale mit Säulen und Säulchen, mit Heeren von Figuren, umrahmten die Fenster mit wahren Teppichen von Ornamenten, zauberten Türme und Türmchen, durchbrochen und schwerelos, fast schon wie Maßwerk.

Der Wille zu verzieren, zu verschönern war elementar, alle ließen sich in ihm fortreißen, die Illustratoren, die Freskenmaler, die Goldschmiede. Kelche, Schreine, Wandgemälde, Bücher, Armreifen, Kannen, Kerzenleuchter, alles wurde überzogen von Zierat, erhielt üppige, oft fast schon barocke Linien, ein bisher fast unvorstellbarer Reichtum breitete sich aus.

Und die Dichtung blühte auf. Zum ersten Mal eigentlich in Deutschland, doch nun mit aller Macht. Die Troubadoure aus der Provence hatten den Anstoß gegeben, und jetzt waren sie mit einem Mal überall, die »Minnesänger«, die von Hof zu Hof, von Burg zu Burg zogen, mit ihren lyrischen Liedern die Liebe, die Frauen, die Natur besangen, durch gescheite, spitze Verse die Politik kommentierten und in packenden Balladen die alte Heldenzeit beschworen.

Das Nibelungenlied wurde geschrieben, Heinrich von Veldecke, Reimar von Hagenau, Walther von der Vogelweide, Gottfried von Straßburg trugen ihre Werke vor. Wie überhaupt das Wort eine gewaltige Rolle spielte, kaum eine Illustration, kaum ein Bild, durch das sich nicht ein erläuterndes, ergänzendes Spruchband zog. Und an den Höfen hatte »die Kunst des Redens« einen ganz besonders hohen Rang, auch beim Ringen um die Gunst einer Dame galt eine »schöne Sprache« als die beste aller Waffen.

Denn die »Barbarossazeit« war die hohe Zeit der ritter-

Der Bamberger Dom.

lich-höfischen Kultur. Um 1090 beschrieb der Italiener Bonizo von Sutri den »miles christianus«, den christlichen Ritter als einen Verteidiger des Glaubens und einen Streiter für die Gerechtigkeit, als einen Beschützer der Hilflosen und Wohltäter der Armen. Es war ein sehr hohes Bild, das der Herr Bonizo gezeichnet hatte, und es wurde noch ausgeformt an den Sagen um Alexander und Karl den Großen, vor allem aber um den britischen König Artus, der um 500 in Wales residierte, dessen Hof nur Feste und Turniere kannte und an dem sich die auserlesensten Helden versammelten. Dieser sagenhafte Hof wurde das eigentliche Vorbild von ritterlich-höfischer Sitte, von »minne und rîterschaft«, gab den Stoff für Dichter und Sänger.

War das Ritterideal in Frankreich noch etwas locker, so faßte man es in Deutschland bald recht genau mit den Begriffen »re, triuwe, milte, staete, mâze, zuht und minne« – Ehre, Treue, Milde, Beständigkeit, Mäßigung, Zucht und Minne, aus dem wilden, ungezügelten Recken wurde ein Beschützer des Rechts und der Benachteiligten, statt seinem Toben freien Lauf zu lassen, übte er sich in Beherrschung, achtete auf »Anstand und edele Art«. Die bisher ungestümen Kämpfe während der Turniere gerieten zu kunstvollen Kampfspielen – und das höchst konkrete Werben um die Zuneigung der Damen wurde nur »Minne«, zum Ehrendienst für die »hohe Frau«, für die man alles wagte und die stets unerreichbar ferne hoch über allem stand.

Die ritterlich-höfische Kultur war ganz eigentlich eine Kunstform. Barbarossa wuchs in ihr auf, sie gab er sich als Rahmen, sein Hof strahlte als Zentrum des abendländischen Rittertums, als »neue Runde des König Artus«, wie Zeitgenossen priesen. Nirgendwo sonst wurde diese Kunstform so gepflegt, nirgendwo sonst sammelten sich all die Minnesänger, Troubadoure, Philosophen, nirgendwo sonst gab es glänzendere Turniere, prächtigere Hoffeste. Und von nirgendwo sonst kamen solche Impulse. Da folgten nahtlos Aufträge für wissenschaftliche Arbeiten, für Buchserien, Aufträge für Goldschmiede, Bildhauer, Teppichwirker, Aufträge für Dome, Klöster, vor allem für Paläste, die Pfalzen von Gelnhausen bei Frankfurt und von Kaiserslautern sollen im Abendland ihresgleichen nicht gehabt haben.

Die höfisch-ritterliche Kultur, das war die Kultur der Barbarossazeit, war eine in sich geschlossene Epoche, von der Architektur bis zur Philosophie, von Handel und Wirtschaft bis zur Definition des Kaisertums. Erst das Barock schuf wieder ein ähnliches Ganzes. Und der Kaiser war der absolute Mittelpunkt, sein Lebensstil, sein Geschmack, sein Selbstverständnis bestimmten alles. Kaum je zuvor hat ein Imperator seiner Krone einen ähnlichen Glanz verschaffen, sich selbst ähnlich wirkungsvoll darstellen können und zu fesseln versucht.

Und das steckte an. Die großen und kleinen Fürsten, vorab die Geistlichkeit, wollten es ihm gleichtun, wetteiferten, wer ihm am nächsten komme. Und da die gesicherte politische Lage, der Aufstieg des Kaisertums ein fast stürmisches Vertrauen in die Zukunft auslöste, gewann dieser Aufbruch von Kunst und Kultur rasch seine eigene Kraft, drang ein in alle Lebensbereiche und formte schließlich ein ganzes Land.

Dabei: Der Kaiser Friedrich hatte nur das Vorbild gegeben, hatte nur durch sein Vorbild diese ganze großartige Entwicklung ausgelöst. So, wie er es eigentlich immer hielt, auch und besonders bei Fragen zur Wirtschaft und zur Verwaltung. Konnte er die Fürsten von seinen Ideen nicht überzeugen, führte er die empfohlenen Maßnahmen einfach in seinen eigenen Territorien durch und erläuterte dann am Beispiel Erfolg und Nutzen. So einfach war das – und so wirkungsvoll. Denn auch bei der Wirtschaft hatte es nur den ersten Anstoß gebraucht, auch sie wuchs nun selbständig weiter, hatte gleichfalls bald ihren eigenen Schwung.

Im ganzen also war ihm wohl doch die Verwirklichung all dessen gelungen, was er sich damals, nach seinem ersten Königsritt vorgenommen hatte – fast. Denn sein liebstes Projekt, ein einheitliches Königsrecht für ganz Deutschland zu schaffen, das konnte er nicht durchsetzen. So blieb ihm nur zu hoffen, daß sein Nachfolger hier mehr erreichen könne. Denn ohne das Band eines einigen Rechts konnte die Krone das Land auf die Dauer nicht zusammenhalten. An dieser seiner Überzeugung hatte sich nichts geändert seit jenem Tag, da er die Krone übernahm.

Im übrigen aber – nun, sie konnten am Ende wohl doch eben miteinander zufrieden sein, er und sein Reich. Gewiß, seine Leistung würde sich anders ausnehmen, wenn ihm nicht eine so lange Regierungszeit vergönnt gewesen wäre. Hätte er 1167 nach dem großen Sterben von Rom oder 1176 nach der Katastrophe von Legnano aufgeben müssen, gälte er in der Geschichte so ziemlich als Gescheiterter. Doch seine Zeit war ihm vergönnt, er konnte korrigieren, neu beginnen, den Frieden von Venedig schließen und damit das entscheidende, erfolgreiche Jahrzehnt einleiten. Natürlich, in Italien blieb die Meinung über ihn geteilt, entsprechend der beiden Parteien, der kaiserfreundlichen Ghibellinen und der kaiserfeindlichen Guelfen. Aber schon in Burgund galt er als der starke, ruhende Pol, der dem Land Ordnung, Gerechtigkeit und Frieden gab.

Und in Deutschland wurde er vollends von beinahe grenzenloser Verehrung getragen. Weniger durch die Fürsten, denen er einfach zu stark, zu übermächtig war. Und auch nicht durch den Klerus, der doch ja ständig wegen der Spannungen zwischen Kaiser und Papst in Bedrängnis geriet. Wohl aber durch das Volk: Die Bauern, Handwerker, Kaufleute und Kleinadeligen feierten ihn als ihren Kaiser, weil er die Rechte der Krone wieder zur Geltung brachte, gegen das Papsttum, gegen die Fürsten.

Sie identifizierten sich mit ihm, seine Kämpfe waren ihre Kämpfe, seine Siege ihre Siege. Die Kriege mußten eben sein, in den italienischen Städten sahen sie nur die Verbündeten des Papstes, und dem Papst durfte nicht nachgegeben werden, sonst könnte der schließlich noch ganz über Land und Volk verfügen – eine Haltung übrigens, die sich in vielen Dichtungen und Volksliedern jener Jahre findet.

Doch auch das Ringen mit den Fürsten verstand der »einfach' Mann«. Es mußte sein, »damit der Herr Friedrich frei herrschen, sein Volk und das Recht schützen« konnte. Daß dies nämlich sein wichtigstes Ziel sei, das sahen sie alle am Aufblühen des Landes, am Wachsen des Wohlstands. Von Jahr zu Jahr wurde ihnen ihr Kaiser mehr der Garant, das Symbol für ein »sicheres gutes Leben in einem sicheren guten Land«.

Daß er dann aus der Ferne nicht mehr zurückkehrte, das wollten sie einfach nicht glauben. Er werde schon einmal wiederkommen, wenn sein Volk in Not sei, sagten sie.

Und bald wußten sie auch, wo er wartete: Tief drinnen im Kyffhäuser, bei Merseburg, da sitze er, die Krone auf dem Haupt, im goldenen Mantel und das mächtige Schwert neben sich. Er habe das Kinn in die Hand gestützt und schlafe. Sein weißer Bart sei längst durch den Steintisch gewachsen. Aber eines Tages, da werde er aufwachen, den Tisch zerschmettern, aus dem Berg hervorbrechen und mit seinem gewaltigen Willen Frieden und Ordnung schaffen. Und dann werde alles Leid ein Ende haben, das alte Reich wieder eins und eine neue Zeit beginnen, in der man wieder ruhig schlafen könne und ohne Angst, in der alles wieder aufblühe und wachse und jeder wieder jedem trauen könne ...

So hofften sie, als nur 70 Jahre später Barbarossas Reich endgültig zerschlagen war und die Fürsten sich um die Beute rauften; so flüsterten die gequälten Bauern, als sie nach drei Jahrhunderten endlich gegen die Fürsten aufstanden und ihr Recht und ihre Ehre zurückhaben wollten; und so schrien sie, als der Dreißigjährige Krieg der Fürsten fast die Hälfte der Bevölkerung niedermähte, als noch im letzten Jahrhundert das ganze Volk die Fürsten loshaben wollte. Nun, die Fürsten sind noch lange geblieben, und der alte Kaiser ist nicht gekommen. Doch sein Name hat immer wieder Hoffnung und Mut gegeben, durch alle die Jahrhunderte. Und das wiegt auch etwas.

Zeittafel

768–814	Karl der Große
936–973	Otto der Große
1056–1106	Heinrich IV.
1077	Canossa
1180	Der erste Friedrich von Hohenstaufen wird Herzog von Schwaben und Gemahl der Kaisertochter Agnes
1106–1125	Heinrich V.
ca. 1124	Geburt Friedrich Barbarossas
1125	Lothar von Supplingburg wird gegen den Vater Barbarossas, Herzog Friedrich von Schwaben, zum König gewählt Sein Bruder, Konrad v. Hohenstaufen, lehnt sich auf
1137	Tod Lothars. Konrad von Hohenstaufen wird gegen den Welfen Heinrich den Stolzen zum König gewählt; Welfenkampf
1147–1149	Kreuzzug Konrads, an dem auch Barbarossa teilnimmt
1149	Barbarossa wird Herzog von Schwaben
1152	Tod Konrads Frankfurt, 4. März: Wahl Barbarossas zum König
1154	1. Italienzug
1155	Rom, 18. Juni: Kaiserkrönung Barbarossas durch Hadrian IV.
1156	Benevent: Friedensschluß Papst Hadrians mit den Normannen

	Würzburg: Barbarossa heiratet Beatrix von Burgund
	Rainald von Dassel wird Kanzler des Kaisers
1157	Kaisertag von Würzburg
	Reichstag von Besançon: Zusammenstoß Rainalds mit dem Kardinallegaten Roland Bandinelli
1158	Reichstag auf den Ronkalischen Feldern
1159	Doppelte Papstwahl: Alexander III. (Roland Bandinelli) und Viktor IV.
	Rainald von Dassel wird Erzbischof von Köln
1160	Synode von Pavia unter Leitung Barbarossas: Viktor IV. wird anerkannt. Das Abendland spaltet sich in zwei Lager
1162	Zerstörung Mailands
1164	Bildung des Veroneser Städtebundes gegen den Kaiser
1165	Heiligsprechung Karls des Großen
1166	4. Italienzug
1167	Einnahme Roms, Flucht Alexanders, Vernichtung des Barbarossa-Heeres durch eine Seuche, Tod Rainalds
	Bildung des Lombardischen Bundes gegen den Kaiser
1168	Barbarossas Flucht aus Italien
	Vereinigung des Veroneser und des Lombardischen Bundes
1169	Sicherung der Nachfolge: Wahl und Krönung des Barbarossa-Sohnes Heinrich zum König
1174	5. Italienzug
	Zerstörung von Susa, Waffenstillstand mit dem Lombardischen Bund
1176	Chiavenna: Hilfeverweigerung durch Heinrich den Löwen

	Legnano: Niederlage Barbarossas gegen die Mailänder
1177	Venedig: Friede mit Alexander III., Ende des Kirchenstreits
1180	Heinrich der Löwe wird geächtet und verbannt
1183	Frieden mit den oberitalienischen Städten
1184	Hoffest zu Mainz
1185	Bündnis mit Mailand
1186	Mailand: Hochzeit Heinrichs VI. mit Konstanze, der Erbin des sizilischen Nomannenreiches
1187	Bündnis mit England und Frankreich
1188	Mainz: »Hoftag Jesu Christi«
1189	Regensburg: Beginn des Kreuzzuges
1190	Mai: Eroberung von Ikonion
	10. Juni: Tod Barbarossas im Saleph
	Heinrich VI. übernimmt das Reich
	Tod Wilhelms II. von Sizilien: Heinrich und Konstanze erben den Normannenstaat, Vereinigung Siziliens mit dem Reich
1197	Plötzlicher, ungeklärter Tod Heinrichs in Messina. Thronstreit zwischen Welfen und Staufern. Das Reich zerfällt
1210–1250	Friedrich II., Heinrichs Sohn, führt die Kaisermacht nochmals zu einer unerwarteten Höhe. Nach erbittertem Kampf gegen die Päpste stirbt er an Gift, ebenso sein Sohn und Nachfolger Konrad IV. vier Jahre später. Danach wird das gesamte Haus derer von Hohenstaufen ausgerottet
1268	Der letzte Staufer Konradin, 17jähriger Sohn Konrads IV., stirbt in Neapel durch den Henker